中国語
入門から初級の

基礎力 会話編
養成講座

村松恵子・謝平　著

トレーニングで
力をつけよう！

白帝社

本書の音声について

　本書で♪マークがついた部分の中国語は、音声データ（MP3）をダウンロードして聞いてください。ファイルは ZIP 形式で圧縮された形でダウンロードされ、無料でご利用いただけます。

　吹込：王京蒂・凌慶成

　「白帝社　　中国語入門から初級の基礎力養成講座会話編」で検索、または下記サイトにアクセスしてください。

　https://www.hakuteisha.co.jp/news/n50606.html

※各機器と再生ソフトに関する技術的なご質問は、各メーカーにお願いいたします。
※本書及び本書の音声は著作権法で保護されています。

はじめに

　この『会話編』は、大学において初めて中国語を学ぶ「入門から初級」用のテキストで、週1回の授業を想定して作られています。週2回の授業が設定されている場合には、姉妹編である『講読編』とペアで学習すると、中国語の運用力を養うのにさらに効果的です。

　『会話編』では、中国語の「音の仕組み」を理解できるようにすることを目的としています。その第1段階の目標は、中国語の発音のルビである「ピンイン」に慣れることです。その次の目標は、声調を伴った400余りの音節の連続がスムーズに発音でき、同時にそれを聴き取ることができる力を養うことです。その力を付けるために、各課の「**表現のポイント**」には、先生の発音を手掛かりとしてピンインを習得できるよう、学習者に訓練させるための トレーニング という項目が設けてあります。

　また、『講読編』の学習の目的は、中国語の文の意味を、「漢字を見た感じ」でいい加減に考えようとするのではなく、必ず中国語の「文の仕組み」を意識しながら理解できるようにすることです。そしてさらに、初級レベルのまとまった文章を正確に理解できる力を養うことを目標としています。その力を付けるために、まず各課の「**表現のポイント**」で基本構文を示しています。さらに基本構文を発展させた文を、先生の解説を手掛かりとして学習者が自ら積極的に理解するために、エクササイズ（練習問題）として トライ と チャレンジ が設けてあります。

　そして『会話編』も『講読編』も、それぞれの「**表現のポイント**」を学んで トレーニング や、トライ と チャレンジ を実行すれば、各課の最後にある 本文 をすらすらと発音できるようになり、また 本文 の意味をすらすらと理解できるようになります。

　ぜひこのテキストで中国語を学び、中級につながる「入門から初級レベルの力」を養ってください。

2023年3月

著者

目　次

導 入 部

<最初に中国語の特徴を大きくつかんでいきましょう>

1．"汉语（漢語）Hànyǔ" と "中文 Zhōngwén"
2．"普通话 pǔtōnghuà" とは
3．"繁体字 fántǐzì" と "简体字 jiǎntǐzì"
4．発音のルビ：ピンイン
5．音声の特徴
6．語彙の特徴

世界には3,000以上の言語があると言われています。みなさんはこれからその中の1つである中国語を学んでいきます。

ここではまず、中国語の特徴を大きくつかんでいきましょう。

① "汉语（漢語）Hànyǔ" と "中文 Zhōngwén"

中国語で中国語という場合、"汉语（漢語）Hànyǔ" と "中文 Zhōngwén" という2つの言い方があります。

(1) **"汉语"**：漢民族の言語という意味。学術用語としても用いられる。

(2) **"中文"**：本来は書き言葉の中国語を意味したが、現在では書き言葉と話し言葉の区別なく中国語を指す言い方として使用されている。

☆ちなみに「中国語」という言い方は日本語です。

② "普通话 pǔtōnghuà" とは

みなさんがこれから学んでいく中国語は **"普通话 pǔtōnghuà"** です。

中国は56の民族からなる多民族国家です。その民族全体の共通語としての中国語が"普通话"です。それは次の3つの柱でできています。

① 音声：北京語音を標準語音とする。

② 語彙：北方方言を基礎語彙とする。

③ 文法：五・四運動(1919年)以降の模範的な現代口語文の著作を規範とする。

★"普通话"は、1956年9月から小中学校で国語教育に採用されて以来、現在も中国の共通語です。

③ "繁体字 fántǐzì" と "简体字 jiǎntǐzì"

現在中国では"普通话"教育において、**"简体字 jiǎntǐzì"** という字体を採用しています。これはもともとの漢字の字体である **"繁体字 fántǐzì"** の画数を減らして簡略化した漢字です。すべての漢字を10画以内に減らすというのが"简体字 jiǎntǐzì"の目標とされました。日本語の「常用漢字」と異なるものも多いので、注意しましょう。以下に画数を減らす主な方法を示しておきます。

≪簡体字の規則と例≫

"繁体字"		"简体字"	日本語の「常用漢字」
書	①草書体の採用	→ 书	書
機	②新しい形声文字	→ 机	機
從	③漢字の一部分の採用	→ 从	従
學	④俗字の採用	→ 学	学

④ 発音のルビ：ピンイン

1958年以降、"普通话"の発音のルビとしてローマ字表記の "拼音字母 pīnyīnzìmǔ" が用いられています。巻末に載せてある「中国語音節全表」がそれで、400余りの種類があります。

中国語の発音をマスターするためには、これらに声調(音の高低の抑揚のこと。「発音部」で詳細に説明する)を伴った正確な発音習得が必須で、「**"拼音字母"＋声調符号**」を「ピンイン」と呼んでいます。

5 音声の特徴

中国語は「声調言語"Tone Language"」です。みなさんが日常使っている日本語と、既習外国語である英語と比較しながら、中国語の音声的特徴を理解していきましょう。

① 日本語：各音節の音の相対的な高低によって、意味を区別する言語。
(例) あめ(雨) ／ あめ(飴)　　はし(箸) ／ はし(橋)

② 英　語：アクセントの位置によって意味を区別する言語。
(例)"fántasy(名詞)" ／ "fantástic(形容詞)"

③ 中国語：漢字1つ1つが基本的に1つ決まった声調(高低の抑揚)を持っており、それによって意味を区別する言語。"普通话"には4種類の声調(四声)がある。

(例)	妈	麻	马	骂
	mā	má	mǎ	mà
	(第一声)	(第二声)	(第三声)	(第四声)

6 語彙の特徴

中国語は「孤立語」です。

言語学に、語彙の構成に基づいて言語を分類するという考え方があります。この考え方によると、言語は3つのタイプに分けることができます。それは次の①「屈折語」、②「膠着語(こうちゃくご)」、③「孤立語」です。

① 屈折語：英語など。語の語形変化などによって語の内部の構造を変え、それによって文法関係が表現される言語のこと。

② 膠着語：日本語など。自立語(実質的な意味を表す語)に日本語の助詞などのような付属語をくっつけたり、動詞や形容詞の活用によって文法関係を表現する言語のこと。

③ 孤立語：中国語など。中国語のように語の語形変化がなく、また動詞や形容詞の活用もなく、語彙に文法関係が含まれていない言語のこと。

このように、みなさんが中学、高校などですでに学んできた英語と、日常使っている日本語に加えて、さらに中国語を学ぶことによって、**語彙の構成からみた世界の主な3つのタイプの言語を学ぶ**ことができるのです。

以下では、「発音部」において中国語の発音の特徴について学び、続いて「表現部」において中国語の表現形式を学んでいきましょう。

発 音 部

<ここでは "普通话 pǔtōnghuà" の発音の特徴について学んでいきます>

発音1　声調
発音2　音節の構造
発音3　声母
発音4　韻母
発音5　軽声と声調変化
発音6　中国語音節全表

1　声　調

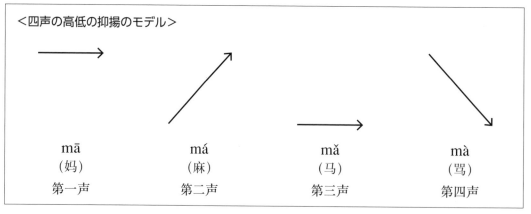

＜四声の高低の抑揚のモデル＞

mā　　　　　　má　　　　　　mǎ　　　　　　mà
（妈）　　　　　（麻）　　　　　（马）　　　　　（骂）
第一声　　　　　第二声　　　　　第三声　　　　　第四声

1．**音節**：中国語の1つの漢字は、ひとまとまりの音で発音されます。ひとまとまりで発音される音の単位を「音節」と言います。

> 中国語の漢字は音節文字 ＝ 一漢字が一音節、二漢字は二音節。

2．**声調**：中国語の漢字の1つ1つの音は、それぞれ基本的に1つの決った音の高低の抑揚をもっています。この音の高低の抑揚のことを「声調」と言います。

★<u>声調は意味を区別するための役割</u>を果たしています。

3．**四声**："普通话"には4種類の声調があります。これを「四声（しせい）」と言います。

   ＜漢字の例＞　　mā（妈）　　má（麻）　　mǎ（马）　　mà（骂）

         lāo（捞）　　láo（劳）　　lǎo（老）　　lào（烙）

＜声調のポイント＞

1．中国語の漢字1つ1つには基本的に1つの決まった声調（高低の抑揚）がある。

2．<u>「声調」は意味を区別するという役割を果たしている。</u>

                ⇒同じ音でも声調が違えば意味が異なる。

3．"普通话"には4種類の声調（四声）がある。

② 四声のモデルのまとめと発音の特徴

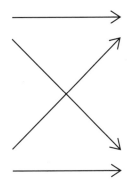

第一声：高く平らな調子
第二声：急激に上昇する調子

第四声：急激に下降する調子
第三声：低く抑える調子

③ 四声の発音のコツ

第一声：自分の声域の高い音を長くまっすぐ伸ばすように出す。

第二声：自分の声域の中低位の高さから始まり、最後の音を急激に上昇させる。

第三声：自分の声域の一番低い音を低く抑えて出す（第一声と対称的）。

第四声：自分の声域の高い音から始まり、最後の音を急激に下降させる（第二声と対称的）。

♪
A03

トレーニング 四声の練習：先生のあとについて発音してみよう。

	第一声	第二声	第三声	第四声
①	ā	á	ǎ	à
②	ō	ó	ǒ	ò
③	yī	yí	yǐ	yì
④	wū	wú	wǔ	wù
⑤	mā	má	mǎ	mà
⑥	lāo	láo	lǎo	lào

<声調符号の付け方>　母音の上に付けます。

具体的には以下のようになります。

　1．母音が1つのときはその上に付ける。　　例：mā（妈）

　2．母音が2つ以上のときの母音の優先順位

　　①a　　　　　　　　　　　　　　　　　例：lǎo（老）

　　②eかo　　　　　　　　　　　　　　　例：fēi（飞）、dōu（都）

　　③iとuが併存するときは後ろの母音　　　例：liù（六）、huí（回）

4 声調の組み合わせ

　中国語の<u>リズムの単位は二音節です</u>。つまり中国語を発音するとき、2つの音のつながりのリズムをつかむことが大切だということです。

<四声の組み合わせ>

前＼後	第一声	第二声	第三声	第四声
第一声	māmā	māmá	māmǎ	**māmà**
第二声	mámā	mámá	mámǎ	mámà
第三声	mǎmā	**mǎmá**	**mǎmǎ**	mǎmà
第四声	màmā	**màmá**	**màmǎ**	màmà

♪ A04　トレーニング1　先生のあとについて、上記の表の16通りのリズムを発音してみよう。
（特に6つの太字の組み合わせのリズムに注意しましょう。）

♪ A05　トレーニング2　先生の発音を聴いて、漢字の下のピンインに声調符号を付け、第何声か書いてみよう。

①　教　室

jiao shi

（第＿＿＿声＋第＿＿＿声）

②　同　学

tong xue

（第＿＿＿声＋第＿＿＿声）

③　首　都

shou du

（第＿＿＿声＋第＿＿＿声）

④　电　车

dian che

（第＿＿＿声＋第＿＿＿声）

⑤　炒　饭

chao fan

（第＿＿＿声＋第＿＿＿声）

⑥　汤　面

tang mian

（第　　声＋第＿＿＿声）

⑦　出　发

chu fa

（第＿＿＿声＋第＿＿＿声）

⑧　歌　手

ge shou

（第＿＿＿声＋第＿＿＿声）

⑨　旅　行

lü xing

（第＿＿＿声＋第＿＿＿声）

発音2 　音節の構造

1 　一音節の構造

> 一漢字(= 一音節) の音の表記 = [　声母 　+ 　韻母 　] × 　声調
>
> 例 　「劳」= 　láo 　　　　　　　= [l(声母) + ao (韻母)] × 第二声(声調)

1．**声母** 　　：音を産み出す部分。21 種類ある。
2．**韻母** 　　：音色を産み出す部分。37 種類ある。
3．**音節の種類**：400 余りの種類がある。

★巻末の「中国語音節全表」で確認しよう。

2 　一音節の全体像

音節の全体像をいくつかの漢字の例で見ていきましょう。

♪
A06

語例 ＼ 音節	声母	韻母			声調
		介母	主母音	韻尾	
爱(ài)			a	i	第四声
家(jiā)	j	i	a		第一声
劳(láo)	l		a	o	第二声
娘(niáng)	n	i	a	ng	第二声
所(suǒ)	s	u	o		第三声
换(huàn)	h	u	a	n	第四声

★巻末の「中国語音節全表」で確認しよう。

① 21種類の声母のまとめ　（声母＝音を産み出す部分）

調音点 ＼ 調音方法	閉鎖 無気	破裂 有気	閉擦 無気	破擦 有気	摩擦	鼻腔	側面	音節全表番号
上唇と下唇	b[p̌]	p[p‘]				m[m]		①
上歯と下唇					f[f]			①
上歯茎と前舌	d[t̩]	t[t̩‘]				n[n]	l[l]	②
軟口蓋と舌根	g[ǩ]	k[k̩‘]			h[ɦ]			③
歯茎硬口蓋と前舌			j[tɕ]	q[tɕ‘]	x[ɕ]			④
上顎と舌側面			zh[tʂ]	ch[tʂ‘]	sh[ʂ]		r[ɻ]	⑤
上歯裏と舌先			z[ts̩]	c[ts‘]	s[s]			⑥

★巻末の「中国語音節全表」で確認しよう。

② 無気音と有気音

音節全表の番号	①	②	③	④	⑤	⑥
無気音	b	d	g	j	zh	z
有気音	p	t	k	q	ch	c

1．中国語の中で意味を区別するために対になっている音。

2．これは声母の表記で区別し、6組の対のペアがある。

3．この声母の6組をペアでしっかり覚えることが重要！

★巻末の「中国語音節全表」で確認しよう。

発音のコツ

無気音＝　b　o　　　　　　　有気音＝　p　o

ほぼ同時に音を作る　　　　　　呼気の摩擦（かすれ）を作る

★無気音と有気音は音の強弱の対立ではありません。音の強さは同じです。

♪ A07　トレーニング1　先生のあとについて発音してみよう。

無気音：　bā(八)　　dù(度)　　gū(姑)　　jí(吉)　　zhū(猪)　　zài(在)

有気音：　pā(趴)　　tù(兔)　　kū(哭)　　qí(奇)　　chū(出)　　cài(菜)

♪ A08　トレーニング2　無気音と有気音の組み合わせを、先生のあとについて発音してみよう。

biānpào
鞭炮(爆竹)

dìtiě
地铁(地下鉄)

kèguān
客观(客観(的である))

qíjì
奇迹(奇跡)

zhīchí
支持(支持(する))

cāozòng
操纵(操縦(する))

3 /zh/、/ch/、/sh/、/r/ の発音　（音節全表⑤の音）

発音のコツ①（/zh/ と /ch/ の発音）

/zh/　＝　無気音。日本語の拗音の「チャ、チュ、チョ」に近い音。

/ch/　＝　有気音。/ch/ と母音の間に呼気の摩擦（かすれ）を作る。

♪
A09
-1

トレーニング1　先生のあとについて発音してみよう。

無気音：zhē（遮）　　zhá（炸）　　zhǔ（煮）　　zhù（住）

有気音：chē（车）　　chá（茶）　　chǔ（础）　　chù（触）

♪
A09
-2

トレーニング2　無気音と有気音の組み合わせを、先生のあとについて発音してみよう。

zhīzhù　　　　　　zhèngcháng　　　　　chéngzhǎng　　　　chūchāi
支柱（つっかい棒）　　正常（正常である）　　成长（成長（する））　　出差（出張（する））

発音のコツ②（/sh/ と /r/ の発音）

/sh/　＝　日本語の拗音の「シャ、シュ、ショ」に近い音。

/r/　＝　/sh/ の濁音のような音。

♪
A10
-1

トレーニング3　先生のあとについて発音してみよう。

shā（沙）　　shé（舌）　　shǔ（暑）　　shè（社）

rēng（扔）　　róu（柔）　　rěn（忍）　　ròu（肉）

♪
A10
-2

トレーニング4　二音節の単語を、先生のあとについて発音してみよう。

shìshí　　　　　　rénshēng　　　　　ruǎnruò　　　　　rèliè
事实（事実）　　　人生（人生）　　　软弱（軟弱である）　　热烈（熱烈である）

4 /z/、/c/ の発音（音節全表⑥の音）

発音のコツ

/z/　＝無気音。日本語の「ツ」に近い音。

/c/　＝有気音。/c/ と母音の間に呼気の摩擦（かすれ）を作る。

♪
A11
-1

トレーニング1　先生のあとについて発音してみよう。

無気音：zāi（灾）　　zán（咱）　　zǎo（早）　　zuì（最）

有気音：cāi（猜）　　cán（残）　　cǎo（草）　　cuì（脆）

♪
A11
-2

トレーニング2　無気音と有気音の組み合わせを、先生のあとについて発音してみよう。

zǔzhī　　　　　　zácǎo　　　　　cāozuò　　　　　càncàn
组织（組織）　　　杂草（雑草）　　操作（操作する）　　灿灿（きらきら輝く）

5 その他の声母

♪ A12
1．摩擦音

/ f / 発音のコツ：英語の "f" と全く同じ音。

トレーニング1 先生のあとについて発音してみよう。

fā（发）　　fó（佛）　　fǔ（府）　　fèi（费）

/ h / 発音のコツ：喉の一番奥で息を強く摩擦させて出す音。

トレーニング2 先生のあとについて発音してみよう。

hū（忽）　　huó（活）　　hǎo（好）　　hài（害）

/ x / 発音のコツ：/xi/ は日本語の「シ」とほとんど同じ音。

トレーニング3 先生のあとについて発音してみよう。

xī（西）　　xié（鞋）　　xǐ（喜）　　xiè（谢）

/ s / 発音のコツ：/sa/、/su/ はそれぞれ日本語の「サ」、「ス」とほぼ同じ音。

トレーニング4 先生のあとについて発音してみよう。

sā（仨）　　sú（俗）　　sǎo（扫）　　sù（宿）

♪ A13
2．鼻音

/ m / 発音のコツ：日本語のマ行よりももっと強く上唇と下唇をしっかりと合わせてから開放して出す音。

トレーニング1 先生のあとについて発音してみよう。

mō（摸）　　má（麻）　　mǔ（母）　　mì（秘）

/ n / 発音のコツ：日本のナ行と同じ音。

トレーニング2 先生のあとについて発音してみよう。

nī（妮）　　nú（奴）　　nǎ（哪）　　nèi（内）

♪ A14
3．側面音

/ l / 発音のコツ：英語の "l" と全く同じ音。

トレーニング1 先生のあとについて発音してみよう。

lā（垃）　　lái（来）　　lǔ（鲁）　　lì（力）

トレーニング2 先生のあとについて発音してみよう。

lì（力）— rì（日）　　luò（落）— ruò（弱）

発音**4** 韻 母

① 「韻母」の３つの部分

> 「**韻母**」（音色を産み出す部分）＝「**介母＋主母音＋韻尾**」（⇒発音２の②を参照）

1. 介母＝声母と主母音のわたりの音
2. 主母音＝韻母の中核をなす音色の中心の音
3. 韻尾＝韻母の末尾の成分

② 基本母音（6 種類）

> 6 種類の基本母音（a、o、e、i、u、ü）の発音のコツ

1. /a/ ＝日本語の「ア」より大きく口を開ける。

♪ A15

> | トレーニング | 先生のあとについて発音してみよう。

bā(八)　　dá(达)　　mǎ(马)　　nà(纳)

2. /o/ ＝日本語の「オ」より唇に力を入れて丸める。

♪ A16

> | トレーニング | 先生のあとについて発音してみよう。

pō(坡)　　　bó(脖)　　　mǒ(抹)　　　mò(默)

3. /e/ ＝３種類ある
① 日本語の「エ」と同じ音⇒音節全表(1) 枠の ei、(2) 枠の ie、(4) 枠の üe

♪ A17

> | トレーニング1 | 先生のあとについて発音してみよう。

fēi(飞)　　　méi(莓)　　　tiě(铁)　　　nüè(虐)

② 日本語の「ア」と「エ」の間の音で、「エ」に近い⇒音節全表(1) 枠の en

♪ A18

> | トレーニング2 | 先生のあとについて発音してみよう。

fēn(分)　　　pén(盆)　　　běn(本)　　　nèn(嫩)

③ 日本語の「ウ」と「オ」の間の音で、「オ」に近い
⇒音節全表(1) 枠の e、er、eng、(3) 枠の ueng

♪ A19

> | トレーニング3 | 先生のあとについて発音してみよう。

gē(歌)　　méng(盟)　　ěr(耳)　　pèng(碰)　　wēng(嗡)

4. / i / ＝ 3種類ある

　① 日本語の「イ」に近い音⇒音節全表(1) 枠の -i(= zhi、chi、shi、ri)

♪ A20

　　　　トレーニング1　先生のあとについて発音してみよう。

　　　　　zhī（支）　　　　chí（池）　　　　shǐ（使）　　　　rì（日）

　② 日本語の「イ」と同じ⇒音節全表(2) 枠の i

♪ A21

　　　　トレーニング2　先生のあとについて発音してみよう。

　　　　　pī（批）　　　　bí（鼻）　　　　xǐ（喜）　　　　dì（第）

　③ 日本語の「イ」のかまえで「ウ」と出す⇒音節全表(1) 枠の zi, ci, si

♪ A22

　　　　トレーニング3　先生のあとについて発音してみよう。

　　　　　zī（姿）　　　　cí（词）　　　　cǐ（此）　　　　sì（四）

5. / u / ＝日本語の「ウ」よりも口を丸めて前に突き出し、のどの奥で発音する。
　　　　⇒音節全表(3) 枠の u

♪ A23

　　　　トレーニング　先生のあとについて発音してみよう。

　　　　　tū（突）　　　　sú（俗）　　　　gǔ（古）　　　　dù（度）

6. / ü / ＝ ウムラウト。日本語の「ユ」の口のかまえで「イ」と出す⇒音節全表の(4) 枠の音

♪ A24

　　　　トレーニング　先生のあとについて発音してみよう。

　　　　　yū（迂）　　　yú（鱼）　　　yǔ（语）　　　yù（玉）
　　　　　lǘ（闾）　　　nǚ（女）　　　lǜ（率）
　　　　　qū（区）　　　xú（徐）　　　qǔ（取）　　　xù（续）

★ / ü / の "拼音字母" の表記上の注意

　1．声母なしで、韻母だけのときの表記　⇒　yu
　2．声母が "n" と "l" のときの表記　　⇒　nü、lü
　3．声母が "j"、"q"、"x" のときの表記　⇒　ju、qu、xu

③ 二重母音と三重母音

発音のコツ：母音はいくつあっても１つ１つ丁寧に発音することが重要。

１．二重母音：母音が２つのもの。

♪ A25

トレーニング 先生のあとについて発音してみよう。

gāo（高）　　diē（爹）　　dōu（都）　　duō（多）

２．三重母音：母音が３つのもの。

♪ A26

トレーニング 先生のあとについて発音してみよう。

liáo（聊）　　guài（怪）

④ 介母

「介母」とは、「声母と韻母のわたりの音」という意味で、/i/、/u/、/ü/ の３種類ある。

発音のコツ：３つの介母（i、u、ü）は、主母音に負けないくらいしっかりはっきりと出す。

♪ A27

トレーニング 先生のあとについて発音してみよう。

jié（节）　　　　luò（落）　　　　quán（全）

⑤ 韻尾 -n と -ng

・韻尾 -n と -ng は、それだけで発音されることはない。
・中国語母語話者は、韻尾の音が -n か -ng であるかは、-n または -ng の前に来る母音の音の違いによって区別している。
・したがって、学習者は -n と -ng そのものを区別することに神経質になる必要はない。

♪ A28

トレーニング１ 先生のあとについて発音してみよう。

kàn　（看）　——　kàng　（炕）
yín　（銀）　——　yíng　（迎）

♪ A29

トレーニング２ 先生のあとについて発音してみよう。

xiān　（先）　——　xiāng　（香）
nián　（年）　——　niáng　（娘）

♪
A30 　⑥ "儿化音"＝これは北京語特有の音声現象。

　　"普通话 pǔtōnghuà" は北京語音が音声面での標準音となっており、また北方の語彙が基礎語彙となっているため、韻尾が "儿化" した語彙が使用されることがある。

＜表記と音声上の特徴＞
　　・表記上の特徴：漢字の末尾に "儿"、ピンインの韻尾に r を付加する。
　　・音声的特徴　：韻尾のところで舌を素早く上顎にそり上げる。

　　　1．韻尾に r を付加するもの。
　　　　　　　　（花）huā　→　（花儿）huār

　　　2．韻尾の -i、-n が脱落するもの。
　　　　　　　　（牌）　pái　　　　→　（牌儿）　páir　　　　→　　pá[i]r
　　　　　　　　（饭馆）fànguǎn　→　（饭馆儿）fànguǎnr　→　　fànguǎ[n]r

　　　3．韻尾の -i、-n が脱落して、主母音が復活するもの。
　　　　　　　　（一点）yìdiǎn　→　（一点儿）yìdiǎnr　→　yìdiǎ[n]r

　　　4．韻尾の -ng の音が脱落して、鼻音化するもの。
　　　　　　　　（空）kòng　→　（空儿）kòngr　→　kò[ng]r

発音 5 　軽声と声調変化

1 軽声

「軽声」とは　1. 声調を持たない音節のこと。⇒声調符号を付けない。
　　　　　　　2. 通常、声調のある音節よりも**弱く短く**発音される。
　　　　　　　3. 語彙的軽声と文法的軽声がある。

発音のコツ

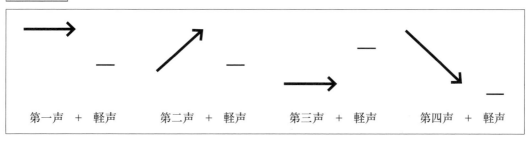

| 第一声 ＋ 軽声 | 第二声 ＋ 軽声 | 第三声 ＋ 軽声 | 第四声 ＋ 軽声 |

1. 第一声／第二声／第四声　＋　軽声　＝ 軽声は低く発音する
2. 第三声　＋　軽声　　　　　　　　　＝ 軽声は第三声より高く発音する

♪A31　トレーニング1　先生のあとについて発音してみよう。

語彙的軽声：bōli　　　　shítou　　　　xǐhuan　　　　bàba
　　　　　　玻璃(ガラス)　石头(石)　　　喜欢(好きだ)　　爸爸(お父さん)

文法的軽声：tā de shū　láile　　　　zǒu ba　　　　shìshi
　　　　　　他的书(彼の本)　来了(来ました)　走吧(行きましょう)　试试(試してみる)

♪A32　トレーニング2　先生のあとについて発音してみよう。

　　　东西 dōngxī 　（東西）　　　　地道 dìdào 　（地下道）
　　　东西 dōngxi 　（もの）　　　　地道 dìdao 　（ほんものの）

2 声調の変化 　（固有の声調の法則的な変調）

1. 第三声の連続　＝　第三声が連続すると、前の第三声が第二声に変調。

♪A33　トレーニング　先生のあとについて発音してみよう。

語彙例：　　　　古典　　　　　　　　　　　　古典
　　　　　　　gǔdiǎn　 ⇒ （実際の発音） gúdiǎn
　　　　　　第三声＋第三声　⇒　　　　　　第二声＋第三声

表現例：　　你　　好　　　　　　　　你　　好
　　　　　　nǐ　 hǎo　 ⇒ （実際の発音） ní　 hǎo
　　　　　第三声＋第三声　⇒　　　　　　第二声＋第三声

2．数字 "一(yī)" の変調 ＝ "一" はもともと第一声。

① 序数をあらわすときはそのまま。

♪
A34

トレーニング1 先生のあとについて発音してみよう。

xīngqī yī（星期一） dì yī kè（第一课）

② "一" の後ろが一声、第二声、第三声の場合は、第四声に変調。

♪
A35

トレーニング2 先生のあとについて発音してみよう。

yìbiān（一边） yìlái（一来） yìqǐ（一起）

③ "一" の後ろが第四声の場合には、第二声に変調。

♪
A36

トレーニング3 先生のあとについて発音してみよう。

yíwàn（一万） yígòng（一共）

3．"不(bù)" の変調 ＝ "不" はもともと第四声。後ろが第四声の場合には "不" は第二声に変調。

♪
A37

トレーニング 先生のあとについて発音してみよう。

不 多 不 学 不 好 **不 看**

bù duō bù xué bù hǎo **bú kàn** （第二声＋第四声）

★総復習（四声と軽声の組み合わせ練習） ★中国語のリズムはこの 20 通りの組み合わせの連続。

前＼後	第一声	第二声	第三声	第四声	軽声
第一声	māmā	māmá	māmǎ	māmà	māma
第二声	mámā	mámá	mámǎ	mámà	máma
第三声	mǎmā	mǎmá	**mǎmǎ**	mǎmà	mǎma
第四声	màmā	màmá	màmǎ	màmà	màma

☆入門の段階の発音の目標
(1) 400 余りの種類の音節がそれぞれ声調を伴って正確に発音できる。
(2) 音節が連続した場合にもスムーズにリズムを作ることができる。

♪
A38

トレーニング 発音部に出てきた単語を先生のあとについて発音し、ピンインを総合的に復習してみよう。

	第一声	第二声	第三声	第四声	軽声
第一声	出发(chūfā)	支持(zhīchí)	歌手(gēshǒu)	汤面(tāngmiàn)	玻璃(bōli)
第二声	传真(chuánzhēn)	同学(tóngxué)	成长(chéngzhǎng)	奇迹(qíjì)	石头(shítou)
第三声	首都(shǒudū)	旅行(lǚxíng)	古典(gǔdiǎn)	炒饭(chǎofàn)	喜欢(xǐhuan)
第四声	电车(diànchē)	正常(zhèngcháng)	地铁(dìtiě)	教室(jiàoshì)	爸爸(bàba)

発音 6 　中国語音節全表

★最後に、巻末の「中国語音節全表」の仕組みについて、以下にまとめておきます。

1. 表の左上：縦に「声母」＝ 21 種類
   表の左上：横に「韻母」＝ 37 種類
   ☆声母と韻母の組み合わせは全部で 400 余りの種類
   ☆表の空欄は、声母と韻母の組み合わせのないもの

2. 韻母の (1) 枠〜(4) 枠の分け方＝介母 (声母と韻母のわたりの音) による
   (1) 枠→介母＝ゼロ
   (2) 枠→介母＝ /i/
   (3) 枠→介母＝ /u/
   (4) 枠→介母＝ /ü/

3. 声母ゼロの韻母のピンイン字母表記⇒音節全表の上から三段目の表記。
   (1) 枠＝韻母の表記のみ
   (2) 枠＝母音が i だけのもの (i、in、ing) はその前に y を付ける。
   　　 複数母音のものは i を y に変える
   (3) 枠＝母音が u だけのものはその前に w を付ける。
   　　 複数母音のものは u を w に変える
   (4) 枠＝母音の ü を yu と表記する

中国語の発音習得のポイント

1. 中国語の漢字音の持つ「声調」が意味を区別するための手段であるということをきちんと
   理解すること。

2. 中国語の漢字の音を覚えるときには「ピンイン＝ピンイン字母＋声調」であると覚えてお
   くこと。

3. 中国語の漢字の音を発音するときには、日本語の漢字の音読みに引きずられたり、代用し
   たりしようとしないこと。

[解説]
　日本語は、中国で生み出された漢字という文字を借用文字として定着させました。その際、中国語の音を「音読み」という方法で日本語に定着させ (山＝サン)、また漢字と概念が一致する大和言葉を「訓読み」として漢字に当てました (山＝やま)。

　しかし日本語の漢字音には「声調」はありません。したがって日本語母語話者が中国語を学習する際、まず「声調」についてしっかり理解することが重要です。

　また、音節の構成も日本語と中国語は全く異なります。したがって、中国語を発音するとき、日本語の漢字の音読みに引きずられたり、代用したりしないように心掛けることが非常に重要です。

表 現 部

　ここから中国語の表現を学んでいきます。表現を学びながら、「発音部」で
学んだことを実践していき、生きた中国語を身につけましょう。

表現部を理解するための準備 ||||||||||||||||||||||||||||

Ⅰ 簡単な表現の発音練習—基本的なあいさつ表現
Ⅱ 中国語の基本文型—4つ
Ⅲ 情報伝達構造から見た「中国語の文の語順三原則」

♪ **A39** Ⅰ **簡単な表現の発音練習**—基本的なあいさつ表現

「発音部」で学んだ中国語の発音を、あいさつ表現で練習してみよう。

1. Nǐ hǎo!　　　　　　Nǐmen hǎo!　　　　　Lǎoshī hǎo!
　 你 好!　　　　　　你们　好!　　　　　　老师　好!
　　　　（こんにちは。）　　　　　　　　　　（先生こんにちは。）

2. Nǐ zǎo!　　　　　　　Wǎnshang hǎo!
　 你 早!　　　　　　　晚上　好!
　　　（おはよう！）　　　　　（こんばんは。）

3.　　Xièxie.　　　　　　　　Bú xiè.
　 甲：谢谢。　　　　　　乙：不 谢。
　　　（ありがとう。）　　　　　（どういたしまして。）

4.　　Duìbuqǐ.　　　　　　　Méi guānxi.
　 甲：对不起。　　　　　乙：没　关系。
　　　（すみません。）　　　　　（かまいません。）

5.　　Zàijiàn.　　　　　　　Míngtiān jiàn.
　 甲：再见。　　　　　　乙：　明天　见。
　　　（さようなら。）　　　　　（また明日。）

6. Chūcì jiànmiàn.　　　（初めまして。）
　 初次　见面。

7. Rènshi nín wǒ hěn gāoxìng.　　（あなたと知り合って、私はとてもうれしいです。）
　 认识　您 我 很　高兴。

8. Qǐng duōduō guānzhào.　　（どうぞよろしくお願いします。）
　 请　多多　关照。

Ⅱ 中国語の基本文型─4つ

<u>中国語の基本文型は4つ</u>です。ただし、<u>英語とは全く異なる</u>ので、注意しましょう。

(1) 英語と中国語の文のとらえ方の違い

① 英語：英語の授業では基本5文型をいうのを習いましたね。基本的に英語の文はこの5つの文型のどれかに当てはめることができます。

1.	S<u>V</u>	（主語＋動詞）	He <u>runs</u>.
2.	S<u>V</u>C	（主語＋動詞＋補語）	She <u>is</u> a Japanese language teacher.
3.	S<u>V</u>O	（主語＋動詞＋目的語）	You <u>have</u> wonderful friends.
4.	S<u>V</u>OO	（主語＋動詞＋間接目的語＋直接目的語）	I <u>give</u> her a textbook.
5.	S<u>V</u>OC	（主語＋動詞＋目的語＋補語）	He <u>calls</u> me Mike.

　これを見て分かるように、英語は（命令文を除いて）どの文にも「<u>主語と動詞</u>」が必要です。そして英語の主語には主格が用いられます。代名詞の"I"、"you"、"he"、"she"などがそれです。さらに、主語が動詞の形を決めています。このような動詞を「述語動詞」と呼んでいます。

　つまり英語は基本的にすべて「主語＋述語動詞」の文で、主格である主語によって述語動詞の形が決まる文なのです。

② 中国語：中国語の語彙には、語形変化などというものは一切ありません。したがって、語形による主格などというものもありませんし、述語動詞の語形を決定する<u>主語というものも存在しません</u>。

　では、中国語の文の構造はどのように理解したらよいでしょうか。

★中国語の文の捉え方の大きな特徴　⇒　それは「主題＋述部」という構造です。
・「主題」とは、「何について話しているのか」の「何」にあたるもの
・「述部」とは、「何」について「述べている部分」
・「述語」とは、「述部」の中心となる主要成分（名詞、形容詞、動詞がある）

この捉え方をしっかりとつかんでおきましょう。

英語の文　：主語＋述語動詞
中国語の文：主題＋述部

(2) 中国語の4つの基本文型

中国語の基本文型は次の4つです。

1. 主題(X) ハ／ガ ＋ <u>述部(Y) デアル</u>
   述部の主要成分である「述語」が名詞のもの ＝名詞述語文

2. 主題(X) ハ／ガ ＋ <u>述部(Y) ダ</u>
   述部の主要成分である「述語」が形容詞のもの＝形容詞述語文

3. 主題(X) ハ／ガ ＋ <u>述部(Y) スル</u>
   述部の主要成分である「述語」が動詞のもの ＝動詞述語文

4. 大主題(X) ハ ＋ <u>述部(Z ＋ Y) ダ</u>
   述部が「主題(Z)ガ＋述部(Y)ダ」のもの ＝大主題述部文

「入門」の段階から、中国語の文を上記の1～4のどれにあたるのか考えながら、学習していきましょう。「漢字を見た感じ」で中国語の文の意味を考えないようにすることが重要です。

(3) 単文レベルの4つの基本文型の表現例

以下で、4つの基本文型を一番単純な例文で具体的に示します。

1. 名詞述語文＝(述部の中心となる述語が名詞)

		主題(X)ハ／ガ	述部(Y)デアル			
			是 shì	述語名詞		
	基本型	我 Wǒ	是 shì	学生 xuésheng	。 .	私は学生です。
	否定型	我 Wǒ	不 是 bú shì	学生 xuésheng	。 .	私は学生ではありません。
疑問型	"吗"疑問型	你 Nǐ	是 shì	学生 xuésheng	吗? ma?	あなたは学生ですか。
	反復疑問型	你 Nǐ	是 不 是 shì bu shì	学生 xuésheng	? ?	あなたは学生ですか。
	疑問詞疑問型	你 Nǐ	是 shì	谁 shéi	? ?	あなたは誰ですか。

２．形容詞述語文＝（述部の中心となる述語が形容詞）

		主題（X）ハ/ガ	述部（Y）ダ		
			述語形容詞		
基本型		我 Wǒ	（很）　高兴 (hěn) gāoxìng	。 .	私は（とても）うれしいです。
否定型		我 Wǒ	不　高兴 bù　gāoxìng	。 .	私はうれしくありません。
疑問型	"吗"疑問型	你 Nǐ	高兴 gāoxìng	吗? ma?	あなたはうれしいですか。
	反復疑問型	你 Nǐ	高兴　不　高兴 gāoxìng　bu　gāoxìng	? ?	あなたはうれしいですか。
	疑問詞疑問型	你 Nǐ	怎么样 zěnmeyàng	? ?	あなたはどうですか。

３．動詞述語文＝（述部の中心となる述語が動詞）

		主題（X）ハ/ガ	述部（Y）スル			
			述語動詞	目的語		
基本型		我 Wǒ	吃 chī	饺子 jiǎozi	。 .	私はギョウザを食べます。
否定型		我 Wǒ	不　吃 bù　chī	饺子 jiǎozi	。 .	私はギョウザを食べません。
疑問型	"吗"疑問型	你 Nǐ	吃 chī	饺子 jiǎozi	吗? ma?	あなたはギョウザを食べますか。
	反復疑問型	你 Nǐ	吃　不　吃 chī　bu　chī	饺子 jiǎozi	? ?	あなたはギョウザを食べますか。
	疑問詞疑問型	你 Nǐ	吃 chī	什么 shénme	? ?	あなたは何を食べますか。

４．大主題述部文＝<u>大主題（X）ハ</u>＋<u>述部（主題（Z）ガ＋述部（Y）ダ）</u>

Ⅲ 情報伝達構造から見た「中国語の文の語順三原則」

情報伝達構造という観点から、中国語の文の語順には以下の3つの特徴があります。これを「中国語の文の語順三原則」として把握しておきましょう。

原則1：中国語の文の基本的語順＝ 主題＋述部

これについてはすでにⅡで説明した通りです。

原則2：中国語の文の「主題」部分の条件＝ 既知の情報

中国語の文の「主題(＝文頭部分)」は「既知の情報」でなければなりません。「既知の情報」とは、「話し手と聞き手の両方がすでに知っている、すでに分かっているヒト・モノ・コト」です。

主題(＝文頭) ⇒「既知の情報」＝話し手と聞き手の両方がすでに知っている、すでに分かっているヒト・モノ・コト。

Xuéxiào fùjìn	yǒu yíge yóujú.
学校 附近	有 一个 邮局。
主題	述部

[学校の近くに] [ある] [一つの郵便局が]

(➢ 第7課ポイント①)

Zhuōzishang	fangzhe yì běn shū.
桌子上	放着 一 本 书。
主題	述部

[机の上に] [置いてある] [一冊の本が]

(➢ 第13課ポイント③)

☆太字の部分は未知の情報。

原則3：修飾語(説明する語) と被修飾語(説明される語) の語順＝ 修飾語＋被修飾語

① 連体修飾の例

hǎo shū
好 书

tā de qiānbǐ
她 的 铅笔

mama bāo de jiǎozi
妈妈 包的 饺子

[良い] [本]　　[彼女の] [鉛筆]　　[お母さんが作った] [ギョウザ]

(➢ 第1課ポイント②) (➢ 第11課ポイント②)

② 連用修飾の例

duō tīng
多 听

hěn hǎo
很 好

hé tā qù
和 她 去

gāoxìng de shuō
高兴 地 说

[たくさん] [聴く]　　[とても] [良い]　　[彼女と] [行く]　　[うれしそうに] [言う]

(➢ 第4課ポイント①) (➢ 第9課ポイント②) (➢ 第18課ポイント③)

☆原則3は日本語と同じなので、分かりやすいですね。

Ⅳ　いよいよテキストの本文に入ります。

★このテキストの本文の主要登場人物は、以下の4名です。

  1．渡辺静香（渡边静香）：日本人。日本の大学の文学部に在学している2年生で、中国文
                       学を専攻しています。
                       現在は北京の燕北大学に留学中。
  2．高橋健太（高桥健太）：日本人。日本の大学の経済学部に在学している2年生です。
                       現在は北京の燕北大学に留学中。
  3．孫　国偉（孙　国伟）：中国人。中国の燕北大学の4年生で、法学を専攻しています。
  4．林　紅　（林　红）：中国人。中国の燕北大学大学院の1年生で、日本文学を専攻し
                       ています。

　では各課の「表現のポイント」を学んでから、これらの4名の登場人物といっしょに、本文の中国語を学んでいきましょう！

~~~~~~

◎本書の発音ピンイン表記について

(1) 量詞について　（➢ 第3課語句 3)
　1．"个"はすべて前置する漢字と分かち書きをしない。
　2．その他の量詞はすべて分かち書きしている。

(2) 指示詞について　（➢ 第1課ポイント③）
　1．"这／那"のピンインは"zhè／nà"と表記。
　2．"这个／那个／哪个"のピンイン
　　・単独の場合は"zhèige／nèige／něige"と表記。
　　・後ろに名詞が付く場合は"zhège／nàge／nǎge"と表記。
　　　　（例："这个大学" → "zhège dàxué"）

◎「表現部」各課本文の表記について
　(1) 本文の下線部分は、本文【注】に説明のある語彙および文法項目
　(2) 本文の太字部分は、その課の「表現のポイント」の項目

♪ A40

表現のポイントと〈トレーニング〉

【語句1】 人称代名詞

	一人称	二人称	三人称
単数	我 wǒ	你／您① nǐ ／ nín	他／她／它② tā
複数	我们／咱们③ wǒmen ／ zánmen	你们 nǐmen	他们／她们／它们 tāmen

① 您："你"よりも相手に敬意を込めた言い方。

② 它：人間以外のものを指す。

③ 咱们：必ず聞き手を含み、"我们"より「私たち」の間柄に親しみが感じられる言い方。

♪ A41

1 "是 (shì)"を伴う名詞述語文 （述部の中心となる述語が名詞）

1．基本型 　　我　是　学生。 　　（私は学生です。）
　　　　　　　Wǒ　shì　xuésheng.

2．否定型 　　我　不　是　学生。 　（私は学生ではありません。）
　　　　　　　Wǒ　bú　shì　xuésheng.

3．疑問型 　①語気助詞"吗"の疑問 （語気助詞①—对人的語気助詞(1)）

　　　　　　　你　是　留学生　吗? 　　—— 是。／不　是。
　　　　　　　Nǐ　shì　liúxuéshēng　ma? 　　Shì.　Bú　shì.

　　　　　　　（あなたは留学生ですか。） 　　（そうです。／違います。）

　　　　　②反復形式の疑問

　　　　　　　你　是　不　是　留学生? 　—— 是。／ 不　是。
　　　　　　　Nǐ　shì　bu　shì　liúxuéshēng? 　　Shì.　Bú　shì.

　　　　　　　（あなたは留学生ですか。） 　　（そうです。／違います。）

♪ A42

| トレーニング | 先生のあとについて発音し、　　を［　］の中の語に置き換えて書いてみよう！

(1) 我　是　学生。 　　　　　　　　　　　　　　　　　　　　［我们　wǒmen］
　　Wǒ　shì　xuésheng.

簡 体 字：

ピンイン：

(2) 你　是　留学生　吗? 　—— 是。／不　是。 　　　　　　　［日本人　Rìběnrén］
　　Nǐ　shì　liúxuéshēng　ma? 　　Shì. ／ Bú　shì.

簡 体 字：

ピンイン：

♪ A43

② 構造助詞①"的 (de)"（1）＝連体修飾

1. **所有関係**：名詞１＋"的"＋名詞２＝名詞１＋「ノ」＋名詞２

   我 的 课本（私の教科書）　／　他 的 爱好（彼の趣味）
   wǒ de kèběn　　　　　　　　tā de àihào

2. **人間関係・所属**：名詞１（＋"的"＋）名詞２＝名詞１＋「ノ」＋名詞２

   你（**的**）爸爸　　　　我（**的**）老师　／ 我们（**的**）学校　　　　他们（**的**）班级
   nǐ (de) bàba　　　　wǒ (de) lǎoshī　　wǒmen (de) xuéxiào　　tāmen (de) bānjí

   （あなたのお父さん）　　（私の先生）　　（私たちの学校）　　　　（彼らのクラス）

   ※その他："日本 历史"（日本の歴史）　　"中文 杂志"（中国語の雑誌）
   　　　　　 Rìběn lìshǐ　　　　　　　 Zhōngwén zázhì

♪ A44

③ 指示詞①"这 (zhè)"、"那 (nà)"、"哪 (nǎ)"

話し手から近い	話し手から遠い	疑問
这	那	哪
zhè	nà	nǎ
コ　（ソ）　ア		ド

♪ A45

1. 这 是 我 的 课本。（これは私の教科書です。）
   Zhè shì wǒ de kèběn.

2. 那 是 你们 学校 吗?　―― 是。／ 不 是。
   Nà shì nǐmen xuéxiào ma?　　 Shì.　　 Bú Shì.

   （あれはあなたたちの学校ですか。）　（そうです。）（違います。）

♪ A46

トレーニング　先生のあとについて発音し、□を [ ] の中の語に置き換えて書いてみよう！

(1) 这 是 她 的 课本。　　　　　　　　　　　[词典　cídiǎn（辞典）]
    Zhè shì tā de kèběn.

簡 体 字 :

ピンイン :
----

(2) 那 是 你们 学校 吗?　―― 是。　　　　　[你 朋友　nǐ péngyou]
    Nà shì nǐmen xuéxiào ma?　 Shì.
    　　　　　　　　　　　　　　　　　　　（※"朋友"：友人）

簡 体 字 :

ピンイン :
----

4 名前の言い方

> 1．我　姓　孙。（私は孫（ソン）です。）
>   Wǒ　xìng　Sūn.
>
> 2．我　叫　孙　国伟。（私は孫国偉（ソン　コクイ）と言います。）
>   Wǒ　jiào　Sūn　Guówěi.

トレーニング　自分の名前を書いて、中国語で発音してみよう！

(1)　我　姓 ＿＿＿＿＿＿＿＿＿＿＿＿＿＿＿＿＿＿＿＿＿。

　　　Wǒ　xìng ＿＿＿＿＿＿＿＿＿＿＿＿＿＿＿＿＿＿＿＿．

(2)　我　叫 ＿＿＿＿＿＿＿＿＿＿＿＿＿＿＿＿＿＿＿＿＿。

　　　Wǒ　jiào ＿＿＿＿＿＿＿＿＿＿＿＿＿＿＿＿＿＿＿．

5 あいさつ表現

トレーニング　p.28 のあいさつ表現を参考にして (1)〜(3) を中国語で表現し、覚えよう！

(1) 初めまして。

簡体字： ＿＿＿＿＿＿＿＿＿＿＿＿＿＿＿＿＿＿＿＿＿＿＿＿＿

ピンイン： ＿＿＿＿＿＿＿＿＿＿＿＿＿＿＿＿＿＿＿＿＿＿＿＿

(2) あなたと知り合って、私はとてもうれしいです。

簡体字： ＿＿＿＿＿＿＿＿＿＿＿＿＿＿＿＿＿＿＿＿＿＿＿＿＿

ピンイン： ＿＿＿＿＿＿＿＿＿＿＿＿＿＿＿＿＿＿＿＿＿＿＿＿

(3) どうぞよろしくお願いします。

簡体字： ＿＿＿＿＿＿＿＿＿＿＿＿＿＿＿＿＿＿＿＿＿＿＿＿＿

ピンイン： ＿＿＿＿＿＿＿＿＿＿＿＿＿＿＿＿＿＿＿＿＿＿＿＿

本文 **王老师，您好！**（王先生、こんにちは！）
Wáng lǎoshī, nín hǎo!

【注】

―留学生歓迎パーティーで王先生と―

渡边静香：王　老师，您 好!
　　　　　Wáng　lǎoshī, nín hǎo!

王　老师：渡边　同学，　晚上　好!
　　　　　Dùbiān tóngxué, wǎnshang hǎo!

渡边静香：这 是 我 的 朋友。
　　　　　Zhè shì wǒ de péngyou.

高桥健太：我 姓 高桥，叫 高桥 健太。
　　　　　Wǒ xìng Gāoqiáo, jiào Gāoqiáo Jiàntài.

初次 见面，请 多多 关照!
Chūcì jiànmiàn, qǐng duōduō guānzhào!

王　老师：高桥　同学，认识 你 很 高兴。
　　　　　Gāoqiáo tóngxué, rènshi nǐ hěn gāoxìng.

高桥健太：谢谢 老师!
　　　　　Xièxie lǎoshī!

あいさつ表現
　　　　　　　　p.28 を参照
王 [姓] オウ
老师 名詞 先生
好 形容詞 よい、元気だ

同学 名詞 同級生
　〜同学：〜さん
晚上 名詞 夜

初次 名詞 初回、第1回
见面 動詞 会う、対面する
请 動詞 請う
多 副詞 多めに
关照 動詞 面倒をみる、
　　　　　世話をする
认识 動詞 知り合う
很 副詞 とても
高兴 形容詞 うれしい
谢谢：ありがとう（ござい
ます）

表現のポイントと〈トレーニング〉

A49

① **動詞述語文** （述部の中心となる述語が動詞）

1．**基本型**　　　我　吃　饺子。（私はギョウザを食べます。）
　　　　　　　　　Wǒ　chī　jiǎozi.

2．**否定型**　　　我　不　吃　饺子。（私はギョウザを食べません。）
　　　　　　　　　Wǒ　bù　chī　jiǎozi.

3．**疑問型**　①対人的語気助詞"吗"の疑問

　　　　　　　你　吃　饺子　吗?　──　吃。／不　吃。
　　　　　　　Nǐ　chī　jiǎozi　ma?　　　　Chī.　　Bù　chī.

　　　　　　　（あなたはギョウザを食べますか。）　（食べます。／食べません。）

　　　　　　②反復形式の疑問

　　　　　　　你　吃　不　吃　饺子?　──　吃。／不　吃。
　　　　　　　Nǐ　chī　bu　chī　jiǎozi?　　　　Chī.　　Bù　chī.

　　　　　　　（あなたはギョウザを食べますか。）　（食べます。／食べません。）

A50

トレーニング　先生のあとについて発音し、□□を［　］の中の語に置き換えて書いてみよう！

(1)　我　学　英语。　　　　　　　　　　［汉语　Hànyǔ（中国語）］
　　　Wǒ　xué　Yīngyǔ.　　　　　　　　（※"学"：学ぶ、"英语"：英語）

簡体字：＿＿＿＿＿＿＿＿＿＿＿＿＿＿＿＿＿＿＿＿＿＿＿＿＿＿＿＿＿＿＿＿

ピンイン：＿＿＿＿＿＿＿＿＿＿＿＿＿＿＿＿＿＿＿＿＿＿＿＿＿＿＿＿＿＿＿

(2)　你　学　经济学　吗?　（※"经济学"：経済学）　──　学。／不　学。
　　　Nǐ　xué　jīngjìxué　ma?　　　　　　　　　　　　　Xué.　　Bù　xué.

　　　　　　　　　　　　　　　　　　　　　　　　　［经营学　jīngyíngxué（経営学）］

簡体字：＿＿＿＿＿＿＿＿＿＿＿＿＿＿＿＿＿＿＿＿＿＿＿＿＿＿＿＿＿＿＿

ピンイン：＿＿＿＿＿＿＿＿＿＿＿＿＿＿＿＿＿＿＿＿＿＿＿＿＿＿＿＿＿＿＿

A51

【語句2】 数字 （0〜99）

［1］ 0から10までの数字を覚えよう。

零	一	二	三	四	五	六	七	八	九	十	(※ 两 liǎng)
líng	yī	èr	sān	sì	wǔ	liù	qī	bā	jiǔ	shí	

［2］ 11から99までの数字の言い方を覚えよう。

十一	十二	十三	十四	十五	十六	十七	十八	十九	二十
shíyī	shí'èr	shísān	shísì	shíwǔ	shíliù	shíqī	shíbā	shíjiǔ	èrshí

二十一	二十二	二十三	二十四	…	二十九	三十	三十一	…	九十	九十一	…九十九
èrshiyī	èrshi'èr	èrshisān	èrshisì		èrshijiǔ	sānshí	sānshiyī		jiǔshí	jiǔshiyī	jiǔshijiǔ

♪ A52

2 副詞①"也 (yě)"

1．我 是 大学 二 年级 的 学生，他 也 是 二 年级 的 学生。
　　Wǒ shì dàxué èr niánjí de xuésheng, tā yě shì èr niánjí de xuésheng.
　　（私は大学二年の学生で、彼も二年の学生です。）

2．我 吃 饺子，也 吃 面条。　（私はギョウザを食べて、めん類も食べます。）
　　Wǒ chī jiǎozi, yě chī miàntiáo.

♪ A53

トレーニング　先生のあとについて発音し、□を ［ ］ の中の語に置き換えて書いてみよう！

(1) 你 也 是 大学 二 年级 的 学生 吗? ―― 对。（※"对"：その通り）
　　Nǐ yě shì dàxué èr niánjí de xuésheng ma? Duì.

　　　　　　　　　　　　　　　　　　　　　　　　　　　　［四 年级 sì niánjí］

簡 体 字 :

ピンイン :

(2) 我 吃 饺子，也 吃 面条。　　［炒饭 chǎofàn（チャーハン）］
　　Wǒ chī jiǎozi, yě chī miàntiáo.

簡 体 字 :

ピンイン :

♪ A54

3 指示詞②"这个 (zhège)"、"那个 (nàge)"、"哪个 (nǎge)"

話し手から近い	話し手から遠い	疑問
这个	那个	哪个
zhège (zhèige)	nàge (nèige)	nǎge (něige)
コノ・コレ （ソノ・ソレ） アノ・アレ		ドノ・ドレ

1．我 是 这个 大学 的 学生。　（私はこの大学の学生です。）
　　Wǒ shì zhège dàxué de xuésheng.

2．你 喜欢 哪个? ―― 我 喜欢 那个。
　　Nǐ xǐhuan něige? Wǒ xǐhuan nèige.

　　（あなたはどれが好きですか。）　（私はあれが好きです。）

♪ A55

トレーニング　先生のあとについて発音し、□を ［ ］ の中の語に置き換えて書いてみよう！

(1) 你 是 哪个 大学 的 学生? ― 我 是 北京 大学 的 学生。
　　Nǐ shì nǎge dàxué de xuésheng? Wǒ shì Běijīng dàxué de xuésheng.

　　　　　　　　　　　　　　　　　　　　　　　　　　　　［这个 zhège］

簡 体 字 :

ピンイン :

♪
A56

④ 疑問詞①"什么 (shénme)" を用いた疑問文 （"什么" = 何）

1．名詞述語文　你 的 专业 是 **什么**?　——　我 的 专业 是 法律。
Nǐ de zhuānyè shì shénme?　　Wǒ de zhuānyè shì fǎlǜ.
（あなたの専攻は何ですか。　　　　私の専攻は法律です。）

这 是 **什么** 书?　——　这 是 汉语 课本。
Zhè shì shénme shū?　　Zhè shì Hànyǔ kèběn.
（これはどういう本ですか。　　　これは中国語の教科書です。）

2．動詞述語文　你 学 **什么**?　——　我 学 日本 文学。
Nǐ xué shénme?　　Wǒ xué Rìběn wénxué.
（あなたは何を学んでいますか。　　私は日本文学を学んでいます。）

你 叫 **什么** 名字?　——　我 叫 林 红。
Nǐ jiào shénme míngzi?　　Wǒ jiào Lín Hóng.
（あなたはどういう名前ですか。　　私は林紅（リン コウ）と言います。）

♪
A57

トレーニング　先生のあとについて発音し、□□を［　］の中の語に置き換えて書いてみよう！

(1) 那 是 什么 书?　——　那 是 汉语 课本。
Nà shì shénme shū?　　Nà shì Hànyǔ kèběn.
［中文 小说　Zhōngwén xiǎoshuō（中国語の小説）］

簡体字：_____

ピンイン：_____

(2) 她 学习 什么?　——　她 学习 日本 历史。［中国 历史　Zhōngguó lìshǐ］
Tā xuéxí shénme?　　Tā xuéxí Rìběn lìshǐ.
（※"学习"：学習する）

簡体字：_____

ピンイン：_____

(3) 他 叫 什么 名字?　——　他 叫 孙 国伟。
Tā jiào shénme míngzi?　　Tā jiào Sūn Guówěi.
［高桥 健太　Gāoqiáo Jiàntài］

簡体字：_____

ピンイン：_____

♪ A58 本文 **你叫什么名字?** （あなたのお名前は？）
Nǐ jiào shénme míngzi?

—留学生歓迎パーティーで学生と—

高桥健太：您 好! 您 是 这个 大学 的 老师 吗?
Nín hǎo! Nín shì zhège dàxué de lǎoshī ma?

林 红 ：不，我 也 是 学生。
Bù, wǒ yě shì xuésheng.

我 叫 林 红，你 叫 什么 名字?
Wǒ jiào Lín Hóng, nǐ jiào shénme míngzi?

高桥健太：我 叫 高桥 健太，是 二 年级 的 学生。
Wǒ jiào Gāoqiáo Jiàntài, shì èr niánjí de xuésheng.

林 红 ：我 是 这个 大学 的 研究生。
Wǒ shì zhège dàxué de yánjiūshēng.

你 的 专业 是 什么?
Nǐ de zhuānyè shì shénme?

高桥健太：经济学。 您 学 什么?
Jīngjìxué. Nín xué shénme?

林 红 ：我 学 日本 文学。
Wǒ xué Rìběn wénxué.

【注】

吗 語気助詞 疑問の語気
　　第1課ポ①疑問型

林 [姓] リン

研究生 名詞 大学院生

表現のポイントと〈トレーニング〉

♪ A59

1 形容詞述語文 （述部の中心となる述語が形容詞）

1. 基本型　　我　很　高兴。（私はとてもうれしいです。）
　　　　　　Wǒ hěn gāoxìng.

2. 否定型　　我　不　高兴。（私はうれしくありません。）
　　　　　　Wǒ bù gāoxìng.

3. 疑問型　①対人的語気助詞"吗"の疑問

　　　　　你　高兴　吗?　　　—— 高兴。／ 不　高兴。
　　　　　Nǐ gāoxìng ma?　　　　 Gāoxìng.　Bù gāoxìng.
　　　　　（あなたはうれしいですか。）　　 （うれしいです。）（うれしくありません。）

　　　　　②反復形式の疑問

　　　　　你　高兴　不　高兴?　—— 高兴。／ 不　高兴。
　　　　　Nǐ gāoxìng bu gāoxìng?　 Gāoxìng.　Bù gāoxìng.
　　　　　（あなたはうれしいですか。）　　 （うれしいです。）（うれしくありません。）

♪ A60

トレーニング　先生のあとについて発音し、□を［ ］の中の語に置き換えて書いてみよう！

(1)　我　很　高兴。　　　　　　　　　　　　　　　　［快乐　kuàilè（楽しい）］
　　 Wǒ hěn gāoxìng.

簡 体 字：

ピンイン：

(2)　今天　热　吗?　—— 热。／ 不　热。　　　　　　［冷　lěng（寒い）］
　　 Jīntiān rè ma?　　 Rè. / Bú rè.　　　　　　（※"今天"：今日、"热"：暑い）

簡 体 字：

ピンイン：

♪ A61

【語句3】　量詞 （類別詞—ものの数の数え方）

一个 朋友	两 位 老师	三 口 人	四 本 杂志	五 张 卡片
yíge péngyou	liǎng wèi lǎoshī	sān kǒu rén	sì běn zázhì	wǔ zhāng kǎpiàn
（一人の友人）	（お二人の先生）	（三人の家族）	（四冊の雑誌）	（五枚のカード）
六 支 铅笔	七 件 衣服	八 台 电视机	九 把 雨伞	十 双 筷子
liù zhī qiānbǐ	qī jiàn yīfu	bā tái diànshìjī	jiǔ bǎ yǔsǎn	shí shuāng kuàizi
（六本の鉛筆）	（七着の服）	（八台のテレビ）	（九本の傘）	（十膳の箸）

☆　这个 人 （この人）／那个 人 （あの人）　　　这 本 书 （この本）／那 本 书 （あの本）
　　zhège rén　　　　　　 nàge rén　　　　　　 zhè běn shū　　　　　 nà běn shū

♪ A62

【語句4】 親族呼称

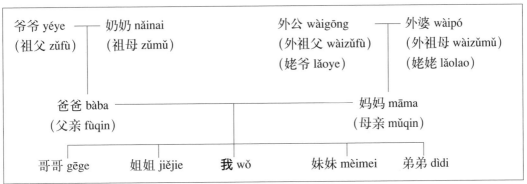

爷爷 yéye —— 奶奶 nǎinai　　　　外公 wàigōng —— 外婆 wàipó
（祖父 zǔfù）　（祖母 zǔmǔ）　　　（外祖父 wàizǔfù）　（外祖母 wàizǔmǔ）
　　　　　　　　　　　　　　　　　（姥爷 lǎoye）　　　（姥姥 lǎolao）

爸爸 bàba —————————————— 妈妈 māma
（父亲 fùqin）　　　　　　　　　　　　　　（母亲 mǔqin）

哥哥 gēge　　姐姐 jiějie　　**我** wǒ　　妹妹 mèimei　弟弟 dìdi

♪ A63

2 疑問詞②"谁 (shéi)"を用いた疑問文 （"谁"＝誰）

1. 她　是　**谁**?　　　　　　　—— 她　是　我　妹妹。
Tā　shì　shéi?　　　　　　　　　Tā　shì　wǒ　mèimei.
（彼女は誰ですか。）　　　　　　（彼女は私の妹です。）

2. 这　本　书　的　作者　是　**谁**?　—— 鲁　迅。
Zhè　běn　shū　de　zuòzhě　shì　shéi?　Lǔ　Xùn.
（この本の作者は誰ですか。）　　　　（鲁迅（ロジン）です。）

3. **谁**　教　你们　汉语?　　　—— 周　老师　教　我们　汉语。
Shéi　jiāo　nǐmen　Hànyǔ?　　　Zhōu　lǎoshī　jiāo　wǒmen　Hànyǔ.
（誰があなたたちに中国語を教えますか。）（周先生が私たちに中国語を教えます。）

※二重目的語の表現：本課ポイント4参照

♪ A64

トレーニング　先生のあとについて発音し、□を［ ］の中の語に置き換えて書いてみよう！

(1) 那个　人　是　谁?　　—— 那个　人　是　我　哥哥。　［她 姐姐　tā jiějie］
　　Nàge　rén　shì　shéi?　　　Nàge　rén　shì　wǒ　gēge.

简体字：

ピンイン：

(2) 那　位　先生　是　谁?　　—— 他　是　我们　的　老师。
　　Nà　wèi　xiānsheng　shì　shéi?　　Tā　shì　wǒmen　de　lǎoshī.
　　　　　　　　　　　　　　　　　　　　［小明 的 爸爸　Xiǎomíng de bàba］
　　　　　　　　　　　　　　　　　　　（※"先生"：男性に使う敬称、～さん）

简体字：

ピンイン：

③ 副詞② "都 (dōu)" （X "都" Y ＝ Xハ／ガ **すべて、全部** Yダ）

1．我们 **都** 是 日本人。(私たちは全員日本人です。)
　　Wǒmen dōu shì Rìběnrén.

2．她们 **都** 不 是 中国人。 (彼女たちは全員中国人ではありません)
　　Tāmen dōu bú shì Zhōngguórén.

3．他们 不 **都** 是 美国人。 (彼らは全員がアメリカ人ということではありません。)
　　Tāmen bù dōu shì Měiguórén.

トレーニング 先生のあとについて発音し、□を ［ ］ の中の語に置き換えて書いてみよう！

(1) 我们 都 很 忙。 ［不 忙 bù máng］
　　Wǒmen dōu hěn máng. (※ "忙"：忙しい)

簡体字：

ピンイン：

(2) 她们 不 都 是 留学生。 ［学 汉语 xué Hànyǔ］
　　Tāmen bù dōu shì liúxuéshēng.

簡体字：

ピンイン：

④ 二重目的語の表現

1．大家 都 **叫** 我 大伟。 (みんなは私を大偉と呼びます。) (➤ 第3課本文)
　　Dàjiā dōu jiào wǒ Dà-Wěi.

2．我 **教** 你 日语, 你 **教** 我 汉语, 好 吗?
　　Wǒ jiāo nǐ Rìyǔ, nǐ jiāo wǒ Hànyǔ, hǎo ma?
　　(私があなたに日本語を教え、あなたが私に中国語を教える、というので良いですか。)

⑤ 漢字の説明のしかた

"孙国伟" の名前の紹介のしかたの例

孙 是 孙 悟空 的 孙, 国 是 中国 的 国, 伟 是 伟大 的 伟。
Sūn shì Sūn Wùkōng de sūn, guó shì Zhōngguó de guó, wěi shì wěidà de wěi.
　　(「孫」は孫悟空の孫、 「国」は中国の国、 「偉」は偉大の偉です。)

トレーニング 自分の名前の漢字の紹介のしかたを考えてみよう！

簡体字：

ピンイン：

本文 **这位是谁?** （こちらはどなたですか。）
Zhè wèi shì shéi?

—キャンパスで学生と—

孙国伟 : 学姐，这 **位** 小姐 是 **谁**？ 是 您 的 **妹妹** 吗？
Xuéjiě, zhè wèi xiǎojiě shì shéi? Shì nín de mèimei ma?

林 红 : 不 是 我 **妹妹**，是 我 朋友，她 是 日本人。
Bú shì wǒ mèimei, shì wǒ péngyou, tā shì Rìběnrén.

孙国伟 : 很 **高兴** 认识 你!
Hěn gāoxìng rènshi nǐ!

我 叫 孙 国伟。
Wǒ jiào Sūn Guówěi.

孙 是 孙 悟空 的 孙, 国 是 中国 的 国,
Sūn shì Sūn Wùkōng de sūn, guó shì Zhōngguó de guó,

伟 是 伟大 的 伟。
wěi shì wěidà de wěi.

大家 **都 叫 我 大伟。**
Dàjiā dōu jiào wǒ Dà-Wěi.

渡边静香 : 我 姓 渡边，名 叫 静香，安静 的 静,
Wǒ xìng Dùbiān, míng jiào Jìngxiāng, ānjìng de jìng,

香气 的 香。
xiāngqì de xiāng.

认识 您 我 也 很 高兴!
Rènshi nín wǒ yě hěn gāoxìng!

【注】

学姐 [名詞] 学校の女性の
先輩

小姐 [名詞] 若い女性

安静 [形容詞] 静かである

香气 [名詞] 良い香り

表現のポイントと〈トレーニング〉

♪ A70

1 副詞③ "很 (hěn)"、"真 (zhēn)"、"特別 (tèbié)"、"太 (tài)" （形容詞の程度を高める）

1．汉语 的 发音 **很** 难。　（中国語の発音はとても難しいです。）
　　Hànyǔ de fāyīn hěn nán.

2．今天 **真** 热。　（今日は本当に暑いです。）
　　Jīntiān zhēn rè.

3．我 爸爸 **特别** 忙。　（私の父は特に忙しいです。）
　　Wǒ bàba tèbié máng.

4．**太** 好 了。　（すごく良いです。）
　　Tài hǎo le.
　　　　　　　　　　　　　　　（"了" は本課のポイント 4-1 参照）

♪ A71

トレーニング 先生のあとについて発音し、□を［ ］の中の語に置き換えて書いてみよう！

(1) 她 的 中文 很 好。　　　　　　　　　　［真 zhēn］
　　Tā de Zhōngwén hěn hǎo.

簡体字：

ピンイン：

♪ A72

2 "来 (lái)" と "去 (qù)" の用法

1．"来"／"去"＋場所名詞＝場所ニ・ヘ クル／イク

她 **来** 东京。　／　我 **去** 上海。
Tā lái Dōngjīng.　　　Wǒ qù Shànghǎi.
（彼女は東京に来ます。）　（私は上海に行きます。）

2．連動式動詞文（V1シテ V2スル）

他 **来** 日本 观光。　／　我们 **去** 喝 咖啡。
Tā lái Rìběn guānguāng.　Wǒmen qù hē kāfēi.
（彼は日本に観光しに来ます。）　（私たちはコーヒーを飲みに行きます。）

♪ A73

トレーニング 先生のあとについて発音し、□を［ ］の中の語に置き換えて書いてみよう！

(1) 他 去 中国。　　　　　　　　　［来 lái、日本 Rìběn］
　　Tā qù Zhōngguó.

簡体字：

ピンイン：

(2)　他们　去　喝　咖啡。　　　　　　　　　　　　　　［吃饭　chīfàn（食事をする）］
　　　　Tāmen　qù　hē　kāfēi.

簡体字 : _____

ピンイン : _____

(3)　她们　来　日本　观光。　　　　　　　　　　　　　［学习　日语　xuéxí Rìyǔ］
　　　　Tāmen　lái　Rìběn　guānguāng.

簡体字 : _____

ピンイン : _____

♪ A74　③ 指示詞③ "这儿 (zhèr)"、"那儿 (nàr)"、"哪儿 (nǎr)"

話し手から近い	話し手から遠い	疑問
这儿 / 这里	那儿 / 那里	哪儿 / 哪里
zhèr / zhèli	nàr / nàli	nǎr / nǎli
ココ　　（ソコ）	アソコ	ドコ

1．他　来　这儿　喝　咖啡。（彼はここにコーヒーを飲みに来ます。）
　　Tā　lái　zhèr　hē　kāfēi.

2．你　去　哪儿?　──　我　去　食堂　吃饭。
　　Nǐ　qù　nǎr?　　　　Wǒ　qù　shítáng　chīfàn.
　（あなたはどこへ行くのですか。）（私は食堂に食事に行きます。）

♪ A75　トレーニング　先生のあとについて発音し、□を［ ］の中の語に置き換えて書いてみよう！

(1)　他　来　这儿　喝　咖啡。　　　　　　　　　　　　［去　那儿　qù nàr、茶　chá］
　　　　Tā　lái　zhèr　hē　kāfēi.

簡体字 : _____

ピンイン : _____

(2)　你　去　哪儿?　──　我　去　食堂　吃饭。　　　　［图书馆　túshūguǎn（図書館）、
　　　　Nǐ　qù　nǎr?　　　　Wǒ　qù　shítáng　chīfàn.　　　　看 书　kàn shū（勉強する）］

簡体字 : _____

ピンイン : _____

♪
A76

4 "了 (le)"の２つの用法 （動作や事態が実現した／実現していることを表す）

1．文末の"了"(語気助詞② 対事的語気助詞(1)) （➤ 第４課本文）
　　　　　　　　　　　　　　　─発話時点（指定時点）において実現した／している
　　你 的 发音 太 好 了。(あなたの発音はすごく良いです。)
　　Nǐ de fāyīn tài hǎo le.

2．動詞の直後の "了"（時態助詞①）（➤ 第６課、第13課本文）
　　　　　　　　　　　　　　　─発話時点（指定時点）より前に実現した／している
　　我 吃了 十个 饺子。(私は10個ギョウザを食べました。)
　　Wǒ chīle shíge jiǎozi.

☆２つの "了" の連用 （➤ 第13課本文）
　　我 已经 吃了 饭 了。(私はもうすでにご飯を食べました。)
　　Wǒ yǐjing chīle fàn le.

♪
A77

トレーニング 先生のあとについて発音し、□を［ ］の中の語に置き換えて書いてみよう！

(1) 他 的 发音 太 好 了。　　　　　　　　　　　　　　[中文 Zhōngwén]
　　Tā de fāyīn tài hǎo le.

簡体字：

ピンイン：

(2) 我 吃了 十五个 饺子。　　　　　　　　　　　[包 bāo （(ギョウザを) 作る)]
　　Wǒ chīle shíwǔge jiǎozi.

簡体字：

ピンイン：

≪まとめ①≫ 「対人的語気助詞 "吗 (ma)" の疑問型」と 「反復形式の疑問型」		
	"吗" の疑問	反復形式の疑問
1．名詞述語文	你 是 大学生 吗? Nǐ shì dàuéshēng ma?	你 是 不 是 大学生? Nǐ shì bu shì dàuéshēng?
		──是。shì. ／不 是。Bú shì.
2．動詞述語文	你 去 东京 吗? Nǐ qù Dōngjīng ma?	你 去 不 去 东京? Nǐ qù bu qù Dōngjīng?
		──去。Qù. ／不 去。Bú qù.
3．形容詞述語文	这个 好 吗? Zhèige hǎo ma?	这个 好 不 好? Zhèige hǎo bu hǎo?
		──好。Hǎo. ／不 好。Bù hǎo.

本文 **你们去哪儿?** （あなたたちはどこへ行くのですか。）
Nǐmen qù nǎr?

—授業の後で—

【注】

孙 ：你们 去 哪儿 啊?
Nǐmen qù nǎr a?

啊 語気助詞 疑問の語気を
和らげる 第7課ポ③-2

渡边：我 和 林 红 姐 去 喝 咖啡，
Wǒ hé Lín Hóng jiě qù hē kāfēi,

和 接続詞 A和B：AとB
第9課ポ②-1
姐 名詞 自分より年上の
若い女性に使う敬称
ex.林红姐：林紅さん

您 去 不 去?
Nín qù bu qù?

孙 ：好 啊!
Hǎo a!

啊 語気助詞 肯定の語気
第7課ポ③-1

渡边 同学 的 中文 真 好!
Dùbiān tóngxué de Zhōngwén zhēn hǎo!

林 ：对, 渡边 的 发音 特别 地道!
Duì, Dùbiān de fāyīn tèbié dìdao!

对 形容詞 正しい、その
通り
地道 形容詞 本物である

渡边：哪里 哪里! 你们 过奖 了!
Nǎli nǎli! Nǐmen guòjiǎng le!

哪里哪里 慣用表現 ほめ言
葉や感謝の言葉に対して、
謙遜して言う語
过奖 動詞 ほめ過ぎる
谦虚 形容詞 謙虚である

林 ：你 太 谦虚 了!
Nǐ tài qiānxū le!

表現のポイントと〈トレーニング〉

【語句5】 時の表現① （日、年、時間帯と、年月日、曜日、季節）

♪A79

＜日、年、時間帯＞

前天（おととい）	昨天（きのう）	今天（きょう）	明天（あした）	后天（あさって）	毎天（まいにち）
qiántiān	zuótiān	jīntiān	míngtiān	hòutiān	měitiān

前年（おととし）	去年（きょねん）	今年（ことし）	明年（らいねん）	后年（さらいねん）	毎年（まいとし）
qiánnián	qùnián	jīnnián	míngnián	hòunián	měinián

早上（あさ）	上午（午前）	中午（正午、ひる）	下午（午後）	晚上（よる）
zǎoshang	shàngwǔ	zhōngwǔ	xiàwǔ	wǎnshang

♪A80

＜年月日、曜日、季節＞

一九四九	年	十 月	一 号	二〇二三	年	六 月	九 号
yījiǔsìjiǔ	nián	shí yuè	yī hào	èrlíng'èrsān	nián	liù yuè	jiǔ hào

星期 天 ／ 星期 日（日曜日）	星期 一（月曜日）	星期 二（火曜日）	星期 三（水曜日）
xīngqī tiān ／ xīngqī rì	xīngqī yī	xīngqī èr	xīngqī sān

星期 四（木曜日）	星期 五（金曜日）	星期 六（土曜日）
xīngqī sì	xīngqī wǔ	xīngqī liù

春天（春）	夏天（夏）	秋天（秋）	冬天（冬）
chūntiān	xiàtiān	qiūtiān	dōngtiān

（注）隔音符号

ex. Xī'ān：西安
　　xiān ：先

♪A81

1 "是(shì)"を用いなくてもよい名詞述語文

1．肯定型　　　今天　星期　三。（今日は水曜日です。）
　　　　　　　Jīntiān xīngqī sān.

2．否定型　　　明天　**不 是**　星期　六。（明日は土曜日ではありません。）
　　　　　　　Míngtiān bú shì xīngqī liù.

トレーニング

（1）自分の誕生日を紹介してみよう！

我 的 生日 ☐☐☐☐ 月 ☐☐☐☐ 号。　　　　　（※ "生日"：誕生日）
Wǒ de shēngrì 　　　 yuè 　　　 hào.

簡体字：

ピンイン：

（2）今日は何月何日何曜日か言ってみよう！

今天 ☐☐☐☐ 月 ☐☐☐☐ 号 星期 ☐☐☐☐。
Jīntiān 　　 yuè 　　 hào xīngqī 　　.

簡体字：

ピンイン：

♪A82
2 大主題述部文（Ｘハ　Ｚガ　Ｙダ）の文型

上海　　夏天　　很　　热。（上海は夏がとても暑いです。）
Shànghǎi　xiàtiān　hěn　rè.

星期　天　游客　很　多。（日曜日は観光客がとても多いです。）
Xīngqī　tiān　yóukè　hěn　duō.

♪A83
トレーニング　先生のあとについて発音し、□を［　］の中の語に置き換えて書いてみよう！

(1)　今天　天气　真　好。　　　　　［作业　zuòyè（宿題）、很 多　hěn duō］
　　Jīntiān　tiānqì　zhēn　hǎo.　　　　　（※"天气"：天気）

簡 体 字：

ピンイン：

♪A84
3 "想 xiǎng" の用法　（品詞の兼務①―1．動詞、　2．助動詞①）

1．動詞："想～" ＝　～を思う、～のことを考える
　我　想　爸爸、妈妈。（私は両親のことを思っています（会いたい気持ち）。）
　Wǒ　xiǎng　bàba、　māma.

2．助動詞①："想" ＋V ＝ V しようと思う、V したい（➤ 第5課本文）
　我　想　去　中国。　（私は中国に行こうと思います。＝行きたい。）
　Wǒ　xiǎng　qù　Zhōngguó.

♪A85
トレーニング　先生のあとについて発音し、□を［　］の中の語に置き換えて書いてみよう！

(1)　她　想　爸爸、妈妈。　　　　　　　　［孩子　háizi（子ども）］
　　Tā　xiǎng　bàba、　māma.

簡 体 字：

ピンイン：

(2)　你　想　去　哪儿?　―― 我　想　去　中国。［美国　Měiguó（アメリカ）］
　　Nǐ　xiǎng　qù　nǎr?　　Wǒ　xiǎng　qù　Zhōngguó.

簡 体 字：

ピンイン：

(注) 中国語の句読点
　　①「。」：句号（jùhào）　＝平叙文の文末に用い、文の終わりを示す。
　　②「,」：逗号（dòuhào）　＝文中のポーズに用いる。
　　③「、」：顿号（dùnhào）　＝文中で並列された語句の間で用い、並列関係を示す。

♪ A86

4 **語気助詞③ "吧 (ba)"** （対人的語気助詞(2)—未確定な出来事に対して、聞き手を確定の方向
に導く）

1．勧誘	我们 去 看 电影 吧。（➢ 第5課本文） Wǒmen qù kàn diànyǐng ba. （私たちは映画を見に行きましょう。）	
2．提案、（軽い）命令	你 （你们） 去 图书馆 看 书 吧。（➢ 第11課本文） Nǐ (Nǐmen) qù túshūguǎn kàn shū ba. （あなた（たち）は図書館に行って勉強しなさい。）	
3．推測	星期 六 游客 多 吧。（➢ 第5課本文） Xīngqī liù yóukè duō ba. （土曜日は観光客が多いでしょう。）	
4．譲歩・許容	我们 去 北海公园， 怎么样? —— 好 吧。（➢ 第5課本文） Wǒmen qù Běihǎi-gōngyuán, zěnmeyàng? Hǎo ba. （私たちは北海公園へ行くというのは、どうですか。）（いいですよ。）	

♪ A87

トレーニング 先生のあとについて発音し、□を ［ ］ の中の語に置き換えて書いてみよう！

(1) 咱们 去 看 电影 吧。 ［喝 茶 hē chá（お茶を飲む）］
Zánmen qù kàn diànyǐng ba.

簡 体 字：

ピンイン：

(2) 你们 去 图书馆 看 书 吧。 ［学生食堂 xuéshēngshítáng 吃饭 chīfàn］
Nǐmen qù túshūguǎn kàn shū ba.

簡 体 字：

ピンイン：

(3) 他 是 中国人 吧。 ［美国人 Měiguórén］
Tā shì Zhōngguórén ba.

簡 体 字：

ピンイン：

(4) 我们 去 北海公园， 怎么样? —— 好 吧。
Wǒmen qù Běihǎi-gōngyuán, zěnmeyàng? Hǎo ba.
　　　　　　　　　　　　　　　　　　　［天坛公园 Tiāntán-gōngyuán（天壇公園）］

簡 体 字：

ピンイン：

♪ A88 **本文** 今天天气真好！ （今日は天気が本当に良いです。）
Jīntiān tiānqì zhēn hǎo!

—遊びに行く相談をする①—

渡边： **今天 天气 真 好**!
　　　Jīntiān tiānqì zhēn hǎo!

高桥： 我们 一起 去 玩儿 吧。
　　　Wǒmen yìqǐ qù wánr ba.

林 ： 好 啊!
　　　Hǎo a!

渡边： 我 想 去 故宫。
　　　Wǒ xiǎng qù Gùgōng.

孙 ： **今天 星期 六**, 游客 很 多 吧。
　　　Jīntiān xīngqī liù, yóukè hěn duō ba.

高桥： 那 去 哪儿 好 呢?
　　　Nà qù nǎr hǎo ne?

孙 ： 去 北海公园, 怎么样?
　　　Qù Běihǎi-gōngyuán, zěnmeyàng?

渡边： 好 吧。
　　　Hǎo ba.

【注】

一起 副詞 一緒に
玩儿 動詞 遊ぶ
吧 語気助詞 勧誘の語気
　　　　　　第5課ポ4-1
啊 語気助詞 肯定の語気
　　　　　　第7課ポ3-1

故宫 固有名詞 明、清時
　　　代の宮殿（紫禁城）

吧 語気助詞 推測の語気
　　　　　　第5課ポ4-3

那 接続詞 それでは、そ
　　　れなら
呢 語気助詞 確認の語気
　　　　　　第7課ポ4-2
北海公园 固有名詞 金、元、
　　　明、清時代の宮
　　　廷庭園
怎么样？： どうですか。
　　　　　第9課ポ5
吧 語気助詞 譲歩の語気
　　　　　　第5課ポ4-4

ーーーーーー 表現のポイントと〈トレーニング〉 ーーーーーー

♪
A89

1 時刻の表現

一 点 (1時) yì diǎn	两 点 (2時) liǎng diǎn	三 点 十五 分 = 三 点 一 刻 (3時15分) sān diǎn shíwǔ fēn sān diǎn yí kè

五 点 三十 分 = 五 点 半 (5時半)
wǔ diǎn sānshí fēn wǔ diǎn bàn

七 点 四十五 分 = 七 点 三 刻 (7時45分)
qī diǎn sìshiwǔ fēn qī diǎn sān kè

九 点 五十 分 (9時50分) 差 十 分 十 点 (10時10分前)
jiǔ diǎn wǔshí fēn chà shí fēn shí diǎn

トレーニング

(1) 今、何時か、中国語で表現し、発音してみよう！

簡体字：現在 _____

ピンイン：Xiànzài _____

(2) 次の日本語を中国語で表現し、発音してみよう！

＜日本語＞ 今、11時5分前です。

簡体字：現在 _____

ピンイン：Xiànzài _____

♪
A90

2 前置詞① "骑 (qí)" と "坐 (zuò)" （〜デ 来る／行く＝交通手段の言い方）

1. 他 每天 骑 自行车 来 学校。 （彼は毎日自転車で学校に来ます。）
   Tā měitiān qí zìxíngchē lái xuéxiào.

2. 我 坐 公交车 去 买 东西。 （私は路線バスで買い物に行きます。）
   Wǒ zuò gōngjiāochē qù mǎi dōngxi.

♪
A91

トレーニング 先生のあとについて発音し、□を [ ] の中の語に置き換えて書いてみよう！

(1) 昨天 他 骑 |自行车| 来 我 家。 ［摩托车 mótuōchē（バイク）］
    Zuótiān tā qí zìxíngchē lái wǒ jiā.

簡体字：_____

ピンイン：_____

(2) 　明天　我　坐　公交车　去　她　家。　　　　　　　[电车 diànchē（電車）]
　　Míngtiān　wǒ　zuò　gōngjiāochē　qù　tā　jiā.

簡体字：_____

ピンイン：_____

3 　"还是 (háishi)" の用法　（品詞の兼務②─ 1 . 接続詞①、2 . 副詞④）

1 ．接続詞①（選択疑問文）：（（是）A "还是" B ？＝ A か、それとも B か。）

　　我们　（是）　坐　飞机　去　还是　坐　船　去?
　　Wǒmen　(shì)　zuò　fēijī　qù　háishi　zuò　chuán　qù?
　　（私たちは飛行機で行きますか、それとも船で行きますか。）

2 ．副詞④（やはり）

　　我们　还是　坐　飞机　去　吧。（私たちはやはり飛行機で行きましょう。）
　　Wǒmen　háishi　zuò　fēijī　qù　ba.

トレーニング　先生のあとについて発音し、□を [　] の中の語に置き換えて書いてみよう！

(1) 　你　想　坐　飞机　去　还是　坐　船　去?
　　Nǐ　xiǎng　zuò　fēijī　qù　háishi　zuò　chuán　qù?

　　 ── 　我　想　坐　飞机　去。　　　[骑 车　qí chē、坐 电车　zuò diànchē]
　　　　　Wǒ　xiǎng　zuò　fēijī　qù.

簡体字：_____

ピンイン：_____

(2) 　你　吃　这个　还是　吃　那个?　── 　我　还是　吃　这个　吧。
　　Nǐ　chī　zhèige　háishi　chī　nèige?　　　Wǒ　háishi　chī　zhèige　ba.
　　　　　　　　　　　　　　　　　　　　　　　　　　　　[买　mǎi（買う）]

簡体字：_____

ピンイン：_____

4 　疑問詞③ "怎么 (zěnme)" の 2 つの用法　（"怎么"＝どういう状況であるのか。）

1 ．"怎么"＋ V ?（ドゥやって V スルのか？）（➤ 第 6 課本文）

　　我们　怎么　去?　── 　我们　坐　公交车　去　吧。
　　Wǒmen　zěnme　qù?　　　Wǒmen　zuò　gōngjiāochē　qù　ba.
　　（私たちはどうやって行きますか。）　（私たちは路線バスで行きましょう。）

2 ．"怎么"＋ Sentence ?（ドゥして Sentence なのか？）（➤ 第 13 課本文）

　　你　怎么　不　吃?　── 　我　不　喜欢　吃　这个。
　　Nǐ　zěnme　bù　chī?　　　Wǒ　bù　xǐhuan　chī　zhèige.
　　（あなたはどうして食べないのですか。）（私はこれが好きではありません。）

トレーニング　先生のあとについて発音し、□を［ ］の中の語に置き換えて書いてみよう！

(1)　我们　怎么　去? ── 坐　公交车　去　吧。　　［地铁　dìtiě（地下鉄）］
　　Wǒmen　zěnme　qù?　　Zuò　gōngjiāochē　qù　ba.

簡 体 字 :

ピンイン :

(2)　你　怎么　不　吃? ── 我　不　喜欢　吃　这个。　　［喝　hē（飲む）］
　　Nǐ　zěnme　bù　chī?　　Wǒ　bù　xǐhuan　chī　zhèige.

簡 体 字 :

ピンイン :

5 　"到 (dào)" の用法 　（品詞の兼務③──1．動詞、　2．前置詞②）

1．動詞：（"到"（＋N）＝（N ニ）到着する）（➤ 第6課本文）

　他们　已经　到　学校　了。（彼らはすでに学校に到着しました。）
　Tāmen　yǐjing　dào　xuéxiào　le.

2．前置詞②：（"到"＋N＋V＝N は到着点）（➤ 第13課本文）

　我们　常常　到　图书馆　去　学习。（私たちはいつも図書館へ勉強に行きます。）
　Wǒmen　chángcháng　dào　túshūguǎn　qù　xuéxí.

トレーニング　先生のあとについて発音し、□を［ ］の中の語に置き換えて書いてみよう！

(1)　他们　已经　到　学校　了。　　［车站　chēzhàn（駅）］
　　Tāmen　yǐjing　dào　xuéxiào　le.

簡 体 字 :

ピンイン :

(2)　我们　到　图书馆　去　学习。　　［查 资料　chá zīliào（資料を調べる）］
　　Wǒmen　dào　túshūguǎn　qù　xuéxí.

簡 体 字 :

ピンイン :

本文 现在差五分十一点。 （今11時5分前です。）
Xiànzài chà wǔ fēn shíyī diǎn.

—遊びに行く相談をする②—

渡边：现在　十　点　五十五　分。
　　　Xiànzài　shí　diǎn　wǔshiwǔ　fēn.

林　：差　五　分　十一　点，不　早　了　啊。
　　　Chà　wǔ　fēn　shíyī　diǎn, bù　zǎo　le　a.

高桥：咱们　怎么　去　呢?
　　　Zánmen　zěnme　qù　ne?

　　　是　骑　车　去　还是　坐　公交车　去?
　　　Shì　qí　chē　qù　háishi　zuò　gōngjiāochē　qù?

孙　：北海公园　比较　远，还是　坐　公交车　去　吧。
　　　Běihǎi-gōngyuán bǐjiào　yuǎn, háishi　zuò　gōngjiāochē　qù　ba.

林　：快　十一　点　了，先　去　吃　午饭　吧。
　　　Kuài　shíyī　diǎn　le, xiān　qù　chī　wǔfàn　ba.

孙　：咱们　先　出发，
　　　Zánmen　xiān　chūfā,

　　　到了　北海公园　附近　再　吃，怎么样?
　　　dàole Běihǎi-gōngyuán　fùjìn　zài　chī, zěnmeyàng?

高桥：我　赞成。
　　　Wǒ　zànchéng.

渡边：我　也　赞成。
　　　Wǒ　yě　zànchéng.

【 注 】

早 形容詞 早い
了 語気助詞 第4課ポ④-1
啊 語気助詞 意外な気持ち
　　　　　　第7課ポ③-3

咱们 人称代名詞 私たち
　　　　第1課ポ【語句1】
呢 語気助詞 確認の語気
　　　　　　第7課ポ④-2

比较 副詞 比較的、わりと
远 形容詞 遠い
吧 語気助詞 勧誘の語気
　　　　　　第5課ポ④-1
快…了：もうすぐ…になる
先 副詞 先に
午饭 名詞 昼食
吧 語気助詞 勧誘の語気
　　　　　　第5課ポ④-1
先~，再…：先に~、それ
　　　　　　から…
出发 動詞 出発する
了 事態助詞 第4課ポ④-2
附近 名詞 付近
怎么样?：どうですか
　　　　　　第9課ポ⑤
赞成 動詞 賛成する

表現のポイントと〈トレーニング〉

B01

[1] "有 (yǒu)" の文型 （存在をあらわす）　☆否定形は "没有"

1．基本型　我　家　有　五　口　人。(私の家は5人家族です。)
　　　　　　Wǒ jiā yǒu wǔ kǒu rén.

2．否定型　我　没有　电脑。(私はパソコンを持っていません。)
　　　　　　Wǒ méiyou diànnǎo.

3．疑問型　①対人的語気助詞 "吗" の疑問

　　学校　附近　有　邮局　吗?　　—— 有。　/　没有。
　　Xuéxiào fùjìn yǒu yóujú ma?　　Yǒu. Méiyou.
　　(学校の近くに郵便局がありますか。)　　(あります。／ありません。)

　　②反復形式の疑問

　　学校　附近　有　没有　邮局?　—— 有。　/　没有。
　　Xuéxiào fùjìn yǒu méiyou yóujú?　　Yǒu. Méiyou.
　　(学校の近くに郵便局がありますか。)　　(あります。／ありません。)

B02

トレーニング　先生のあとについて発音し、□を［　］の中の語に置き換えて書いてみよう！

(1)　我　家　有　三　口　人。　　　　　　　　　　［四 口　sì kǒu］
　　　Wǒ jiā yǒu sān kǒu rén.

簡体字：

ピンイン：

(2)　学校　附近　有　一个　邮局。　　　　　［便利店　biànlìdiàn（コンビニ）］
　　　Xuéxiào fùjìn yǒu yíge yóujú.

簡体字：

ピンイン：

(3)　你　有　兄弟　姐妹　吗?　—— 我　有　一个　哥哥。
　　　Nǐ yǒu xiōngdì jiěmèi ma?　　Wǒ yǒu yíge gēge.
　　　　　　　　　　　　　　　　　　　　　　　　［两个 姐姐　liǎngge jiějie］
　　　　　　　　　　　　　　　　　　　　　　　（※"兄弟姐妹"：兄弟姉妹）

簡体字：

ピンイン：

(4)　我　　没有　　中国　　朋友。　　　　　　　　　　［韩国　Hánguó（韓国）］
　　　Wǒ　méiyou　Zhōngguó　péngyou.

簡 体 字： ....

ピンイン： ....

2　疑問詞④ "几 (jǐ)" と "多少 (duōshao)" の用法　　（数をたずねる： "几" は一桁が目安
　　　　　　　　　　　　　　　　　　　　　　　　　　　　 "多少" はそれ以上）

┌───┐
│ 1．現在　　几　点?　　　　　　　　　　── 　現在　　两　　点。 │
│ 　　Xiànzài　jǐ　diǎn?　　　　　　　　　　Xiànzài　liǎng　diǎn. │
│ 　（今何時ですか？）　　　　　　　　　　　（今2時です。） │
│ │
│ 2．你们　　大学　有　多少(个)　学生?　── 　有　一万　多个　学生。 │
│ 　　Nǐmen　dàxué　yǒu　duōshao(ge)　xuésheng?　　Yǒu　yíwàn　duōge　xuésheng. │
│ 　（あなたたちの大学には何人学生がいますか。）　　（一万人あまりの学生がいます。） │
└───┘

トレーニング　　次の中国語の質問に中国語で答え、発音してみよう。

(1)　今天　　几　月　几　号?　　星期　几?
　　　Jīntiān　jǐ　yuè　jǐ　hào?　Xīngqī　jǐ?

答え：今天 ....

　　　Jīntiān ....

(2)　你　有　几个　　中国　　朋友?
　　　Nǐ　yǒu　jǐge　Zhōngguó　péngyou?

答え：我 ....

　　　Wǒ ....

(3)　你们　系　有　多少(个)　学生?　　　　（※ "系"：学部、 "千 qiān"、 "百 bǎi"）
　　　Nǐmen　xì　yǒu　duōshao(ge)　xuésheng?

答え：我们　系 ....

　　　Wǒmen xì ....

(4)　你　的　电话　号码　是　多少?　　　　　　（※ "电话号码"：電話番号）
　　　Nǐ　de　diànhuà　hàomǎ　shì　duōshao?

答え：我　的　电话　号码　是 ....

　　　Wǒ　de　diànhuà hàomǎ　shì ....

3 　語気助詞④ "啊 (a)" （対人的語気助詞(3)―聞き手に働きかけて、肯定の語気を伝えたり、疑問・意外（驚き）などの語気を和らげる）

1．肯定の語気を伝える

（第4課、第5課本文 ➤）　好　啊！（肯定）（いいですよ。）
　　　　　　　　　　　　　Hǎo　a!

（第7課本文 ➤）　　　　　有　啊。（肯定）（ありますよ。）
　　　　　　　　　　　　　Yǒu　a.

2．疑問の語気を和らげる

（第4課、第8課本文 ➤）　你们　去　哪儿　啊?　（疑問）（あなたたちはどこへ行きますか。）
　　　　　　　　　　　　　Nǐmen　qù　nǎr　a?

3．意外や驚きの語気を和らげる

（第6課本文 ➤）　　　　　时间　不　早　了　啊。（意外な気持ち）
　　　　　　　　　　　　　Shíjiān　bù　zǎo　le　a.

　　　　　　　　　　　　　（時間は早くないのですね。）

（第7課本文 ➤）　　　　　那　你　是　独生女　啊！　（驚き）
　　　　　　　　　　　　　Nà　nǐ　shì　dúshēngnǚ　a!

　　　　　　　　　　　　　（じゃああなたは一人っ子ですね。）

4 　語気助詞⑤ "呢 (ne)" （対人的語気助詞(4)―確証のある確信や確認を表す）

1．話し手が、コトガラに対する確証を持っている（確信）。

（第12課本文 ➤）他　一口气　能　游　五百　米　呢。
　　　　　　　　Tā　yìkǒuqì　néng　yóu　wǔbǎi　mǐ　ne.

　　　　　　　　（彼は一気に500メートル泳ぐことができます。）

　　　　　　　　他们　在　聊　你　呢。（彼らはあなたのことを話しています。）
　　　　　　　　Tāmen　zài　liáo　nǐ　ne.

2．疑問文：相手に確証のある答えを求める（確認）。

（第5課本文 ➤）　我们　去　哪儿　好　呢?　（私たちはどこに行くのがいいですか。）
　　　　　　　　Wǒmen　qù　nǎr　hǎo　ne?

（第6課本文 ➤）　我们　怎么　去　呢?　（私たちはどうやって行きますか。）
　　　　　　　　Wǒmen　zěnme　qù　ne?

（第7課本文 ➤）　我　有　一个　哥哥，　你　呢?　（私は兄が一人います、あなたは？）
　　　　　　　　Wǒ　yǒu　yíge　gēge,　nǐ　ne?

トレーニング　先生のあとについて発音し、□を [ ] の中の語に置き換えて書いてみよう！

(1)　我　喝　红茶，　你　呢?　　　　　　　　　　[吃 汉堡包　chī hànbǎobāo]
　　　Wǒ　hē　hóngchá,　nǐ　ne?
　　　　　　　　　　　　　　　　　　　　　　　　（※ "红茶"：紅茶、"汉堡包"：ハンバーガー）

簡 体 字：　···

ピンイン：　···

本文 你家有几口人? （あなたの家は何人家族ですか。）
Nǐ jiā yǒu jǐ kǒu rén?

—家族について紹介する①—

林 ：你 家 有 几 口 人?
　　Nǐ jiā yǒu jǐ kǒu rén?

渡边：我 家 有 五 口 人。
　　　Wǒ jiā yǒu wǔ kǒu rén.

林 ：你 有 兄弟 姐妹 吗?
　　Nǐ yǒu xiōngdì jiěmèi ma?

渡边：有 啊。 我 有 一个 哥哥 和 一个 姐姐。
　　　Yǒu a. Wǒ yǒu yíge gēge hé yíge jiějie.

　　　您 呢? 您 家 都 有 什么 人?
　　　Nín ne? Nín jiā dōu yǒu shénme rén?

林 ：我 家 只 有 三 口 人，爸爸、妈妈 和 我。
　　Wǒ jiā zhǐ yǒu sān kǒu rén, bàba, māma hé wǒ.

渡边：那 您 是 独生女 啊!
　　　Nà nín shì dúshēngnǚ a!

林 ：对，我 没有 兄弟 姐妹。
　　Duì, wǒ méiyou xiōngdì jiěmèi.

　　　真 羡慕 你 有 哥哥 和 姐姐!
　　　Zhēn xiànmù nǐ yǒu gēge hé jiějie!

【注】

和 接続詞 A和B：AとB
　　　　　第9課ポ2-1

只 副詞 ただ〜だけ

那 接続詞 それでは、そ
　　　　　れなら
独生女 名詞 （女子の）ひ
　　　　　とりっ子
＊独生子 dúshēngzǐ：
　　（男子の）ひとりっ子

羡慕 動詞 うらやむ

━━━━━━━━ 表現のポイントと〈トレーニング〉━━━━━━━━

1 "在 (zài)" の用法 （品詞の兼務④—1．動詞、2．前置詞③、3．補語①、4．副詞⑤）

♪
B09

1．**動詞**：（"在" ＋ 場所名詞 ＝ 「場所」ニ イル／アル）（➤ 第 8 課本文）

他 现在 **在** 美国。（彼は今アメリカにいます。）
Tā xiànzài zài Měiguó.

♪
B10

トレーニング 先生のあとについて発音し、□を ［ ］ の中の語に置き換えて書いてみよう！

(1) 他 在 哪儿? ── 他 在 家。 ［那儿 nàr］
Tā zài nǎr? Tā zài jiā.

簡 体 字：

ピンイン：

(2) 我 家 在 东京, 他 家 不 在 东京。 ［名古屋 Mínggǔwū］
Wǒ jiā zài Dōngjīng, tā jiā bú zài Dōngjīng.

簡 体 字：

ピンイン：

♪
B11

2．**前置詞**③：（"在" ＋ 場所名詞 ＋ V（＋O）＝ 「場所」ニ／デ Ｖスル）（➤ 第 8 課本文）

他们 **在** 图书馆 **看** 书。（彼らは図書館で勉強します。）
Tāmen zài túshūguǎn kàn shū.

♪
B12

トレーニング 先生のあとについて発音し、□を ［ ］ の中の語に置き換えて書いてみよう！

(1) 我们 在 图书馆 看 书。 ［教室 jiàoshì］
Wǒmen zài túshūguǎn kàn shū.

簡 体 字：

ピンイン：

(2) 她们 在 学生食堂 吃饭。 ［便利店 biànlìdiàn（コンビニ）、打工 dǎgōng
Tāmen zài xuéshēngshítáng chīfàn.   （アルバイトする）］

簡 体 字：

ピンイン：

♪ B13

3. 補語①：（V＋"在"＋場所名詞＝「場所」ニ／デ　Vスル）

他　現在　住**在**　哪儿?　—— 他　現在　住**在**　上海。
Tā　xiànzài　zhùzài　nǎr?　　　Tā　xiànzài　zhùzài　Shànghǎi.

（彼は今どこに住んでいますか。）　（彼は今上海に住んでいます。）

♪ B14

トレーニング　先生のあとについて発音し、□を［　］の中の語に置き換えて書いてみよう！

(1)　她　現在　住在　哪儿?　—— 她　現在　住在　上海。
Tā　xiànzài　zhùzài　nǎr?　　　Tā　xiànzài　zhùzài　Shànghǎi.

［香港　Xiānggǎng］

簡体字：

ピンイン：

♪ B15

4. 副詞⑤：（"在"＋V（＋O）＝動作の進行形：Vシテイル）（➤ 第12課本文）

我　在　写　报告　呢。（私はレポートを書いています。）
Wǒ　zài　xiě　bàogào　ne.

♪ B16

トレーニング　先生のあとについて発音し、□を［　］の中の語に置き換えて書いてみよう！

(1)　他　在　做　什么　呢?　—— 他　在　学习　中文　呢。
Tā　zài　zuò　shénme　ne?　　　Tā　zài　xuéxí　Zhōngwén　ne.

（※"做"：する、やる）［看 电视　kàn diànshì（テレビを見る）］

簡体字：

ピンイン：

(2)　他　在　看　电视　吗?　—— 他　没　在　看　电视。　［书　shū（本）］
Tā　zài　kàn　diànshì　ma?　　　Tā　méi　zài　kàn　diànshì.

簡体字：

ピンイン：

(3)　你们　在　这儿　做　什么　呢?　—— 在　聊　你　呢。　［他　tā］
Nǐmen　zài　zhèr　zuò　shénme　ne?　　　Zài　liáo　nǐ　ne.

（※"聊〜"：〜についておしゃべりする）

簡体字：

ピンイン：

♪ B17

2 "工作（gōngzuò）"の用法 （品詞の兼務⑤─1．名詞、2．動詞）

1．名詞：（仕事）

你 爸 妈 做 什么 **工作**? （あなたの両親はどんな仕事をしていますか。）
Nǐ bà mā zuò shénme gōngzuò?

── 我 爸爸 是 工程师, 妈妈 是 公司 职员。
Wǒ bàba shì gōngchéngshī, māma shì gōngsī zhíyuán.

（父はエンジニアで、母は会社員です。）

2．動詞：（仕事する、働く）

你 妈妈 做 什么 工作? （あなたのお母さんはどんな仕事をしていますか。）
Nǐ māma zuò shénme gōngzuò?

── 我 妈妈 在 银行 **工作**。 （私の母は銀行で働いています。）
Wǒ māma zài yínháng gōngzuò.

♪ B18

トレーニング　先生のあとについて発音し、□を［　］の中の語に置き換えて書いてみよう！

(1) 你 做 什么 工作? ── 我 在 銀行 工作。[报社　bàoshè（新聞社）]
Nǐ zuò shénme gōngzuò? Wǒ zài yínháng gōngzuò.

簡体字：_____

ピンイン：_____

♪ B19

3 "欢迎 (huānyíng) ～"の表現 （～を歓迎する）

欢迎, 欢迎! ／ 欢迎 光临! （➤ 第16課本文）
Huānyíng, huānyíng! Huānyíng guānglín!

（ようこそ！） （（お店で）いらっしゃいませ。）

欢迎 你 来 我 家 玩儿! （どうぞ私の家に遊びに来てください。）（➤ 第8課本文）
Huānyíng nǐ lái wǒ jiā wánr!

♪ B20

トレーニング　先生のあとについて発音し、□を［　］の中の語に置き換えて書いてみよう！

(1) 欢迎 你 来 我 家 玩儿! ［日本　Rìběn］
Huānyíng nǐ lái wǒ jiā wánr!

簡体字：_____

ピンイン：_____

本文 你家在日本什么地方？ （あなたの家は日本のどちらですか。）

Nǐ jiā zài Rìběn shénme dìfang?

―家族について紹介する②―

孙 ：你 家 **在** 日本 <u>什么 地方</u> 啊?
Nǐ jiā zài Rìběn shénme dìfang a?

高桥：东京。 您 呢? 您 家 **在** 哪个 <u>区</u>?
Dōngjīng. Nín ne? Nín jiā zài nǎge qū?

孙 ：<u>朝阳 区</u>。 **欢迎** 你 来 我 家 玩儿。
Cháoyáng qū. Huānyíng nǐ lái wǒ jiā wánr.

高桥：谢谢，我 <u>一定</u> 去。
Xièxie, wǒ yídìng qù.

孙 ：你 爸爸、妈妈 做 什么 **工作**?
Nǐ bàba、māma zuò shénme gōngzuò?

高桥：我 爸爸 是 工程师， 我 妈妈 是 公司 职员。
Wǒ bàba shì gōngchéngshī, wǒ māma shì gōngsī zhíyuán.

他们 两个 每天 都 很 忙。
Tāmen liǎngge měitiān dōu hěn máng.

您 的 爸爸、妈妈 呢?
Nín de bàba、māma ne?

孙 ：我 爸爸 **在** 报社 **工作**, 我 妈妈 **在** 银行 **工作**。
Wǒ bàba zài bàoshè gōngzuò, wǒ māma zài yínháng gōngzuò.

他们 俩 也 很 忙。
Tāmen liǎ yě hěn máng.

【注】

什么地方：どこ
地方 名詞 場所、ところ
啊 語気助詞 疑問の語気を
和らげる 第7課ポ③-2
呢 語気助詞 確認の語気
第7課ポ④-2

朝阳区 地名 北京市の14
区の1つ。中心部から東
に位置する
一定 副詞 きっと、必ず

呢 語気助詞 確認の語気
第7課ポ④-2

俩 名詞 二人

第 **9** 课
Dì jiǔ kè

━━━━━━ 表現のポイントと〈トレーニング〉 ━━━━━━

♪ B22 ① "喜欢 (xǐhuan)"の用法 （1．Ｎガ 好きだ ／ 2．Ｖスル のが 好きだ）

> 1．"喜欢"＋Ｎ：Ｎガ 好きだ。
>
> 　我　　妹妹　**喜欢**　　熊猫。　（私の妹はパンダが好きです。）
> 　Wǒ　mèimei　xǐhuan　xióngmāo.
>
> 2．"喜欢"＋Ｖ：Ｖスル のが 好きだ。
>
> 　她　**喜欢**　看　书。（彼女は本を読むのが好きです。）
> 　Tā　xǐhuan　kàn　shū.

♪ B23 トレーニング 先生のあとについて発音し、□を［ ］の中の語に置き換えて書いてみよう！

(1)　她　喜欢　熊猫。　　　　　　　　　　　［古典 音乐　gǔdiǎn yīnyuè （クラシック）］
　　Tā　xǐhuan　xióngmāo.

簡 体 字：..

ピンイン：..

(2)　我　哥哥　喜欢　看 书。　　　　　　　　　　　［旅游　lǚyóu （旅行する）］
　　Wǒ　gēge　xǐhuan　kàn　shū.

簡 体 字：..

ピンイン：..

♪ B24 ② "和 (hé)"の用法 （品詞の兼務⑥—1．接続詞②、2．前置詞④）

> 1．接続詞② （Ａ"和"Ｂ = Ａ と Ｂ） （➤ 第４課、第７課本文）
>
> 　我　和　她　去　喝　咖啡。（私と彼女はコーヒーを飲みに行きます。）
> 　Wǒ　hé　tā　qù　hē　kāfēi.
>
> 2．前置詞④ （"和"〜"一样" = 〜と同じ） （➤ 第９課本文）
>
> 　我　和　你　一样　喜欢　　上网。
> 　Wǒ　hé　nǐ　yíyàng　xǐhuan　shàngwǎng.
>
> 　　　　　　　　　　　（私はあなたと同じようにインターネットするのが好きです。）

♪ B25 トレーニング 先生のあとについて発音し、□を［ ］の中の語に置き換えて書いてみよう！

(1)　我　和　他　一样　喜欢　上网。
　　Wǒ　hé　tā　yíyàng　xǐhuan　shàngwǎng.

　　　　　　　　　　　［唱 卡拉ＯＫ　chàng kǎlā'ōukèi （カラオケを歌う）］

簡 体 字：..

ピンイン：..

【語句6】 時の表現② （"上 (shàng)"、"下 (xià)"、"这 (zhè)" を用いた表現）

過去（"上"）	上 (个) 星期 shàng (ge) xīngqī （先週）	上 (个) 星期 一 shàng (ge) xīngqī yī （先週の月曜日）	上个 周末 shàngge zhōumò （先週末）	上个 月 shàngge yuè （先月）	上 次 shàng cì （前回）
●現在（"这"）	这 (个) 星期 zhè (ge) xīngqī （今週）	这 (个) 星期 二 zhè (ge) xīngqī èr （今週の火曜日）	这个 周末 zhège zhōumò （今週末）	这个 月 zhège yuè （今月）	这 次 zhè cì （今回）
未来（"下"）	下 (个) 星期 xià (ge) xīngqī （来週）	下 (个) 星期 三 xià (ge) xīngqī sān （来週の水曜日）	下个 周末 xiàge zhōumò （来週末）	下个 月 xiàge yuè （来月）	下 次 xià cì （次回）

③ 時態助詞②「V-"过 (guo)"」 （すでに経過している動作・行為を表す）

1．肯定型　我　去过　北京。（私は北京に行ったことがあります。）
　　　　　　Wǒ　qùguo　Běijīng.

2．否定型　我　没　去过　西安。（私は西安に行ったことがありません。）
　　　　　　Wǒ　méi　qùguo　Xī'ān.

トレーニング 先生のあとについて発音し、□ を [ ] の中の語に置き換えて書いてみよう！

(1)　我　吃过　北京菜，　但　没　吃过　广东菜。
　　　Wǒ　chīguo　Běijīngcài,　dàn　méi　chīguo　Guǎngdōngcài.

　　　　　　　　　　[上海菜　Shànghǎicài（上海料理）、四川菜　Sìchuāncài（四川料理）]
　　　　　　　　　　（※ "北京菜"：北京料理、"但"：しかし、"广东菜"：広東（カントン）料理）

簡 体 字：

ピンイン：

(2)　你　看过　中国　电影　吗?　—— 看过　一　次。／没　看过。
　　　Nǐ　kànguo　Zhōngguó　diànyǐng　ma?　　　Kànguo　yí　cì.／Méi　kànguo.

　　　　　　　　　　　　　　　　　　　　　　　　　　[法国　Fǎguó（フランス）]
　　　　　　　　　　　　　　　　　　　　　　　　　（※ "电影"：映画）

簡 体 字：

ピンイン：

④ 副詞⑥"就 (jiù)" （A"就"B："就" は A（先行文）が B（後続文）の実現の前提となっている
　　　　　　　　　　ことを意味している。⇒ A であるなら／そうすると／それで／その場合は、B だ）

我们　今年　暑假　**就**　去　旅游　吧。
Wǒmen　jīnnián　shǔjià(A)　jiù　qù　lǚyóu　ba. (B)
（私たちは今年の夏休みに、　（その場合）旅行に行きましょう。）

♪
B30

トレーニング　先生のあとについて発音し、□を [ ] の中の語に置き換えて書いてみよう！

(1)　我们　今年　暑假　就　去　旅游　吧。　　　　　　[这个　周末　zhège zhōumò]
　　　Wǒmen jīnnián shǔjià jiù qù lǚyóu ba.

簡 体 字：

ピンイン：

♪
B31

5 "怎么样？(zěnmeyàng?)"の表現　（提示、提案に対する考えを問う：どうですか。）

（第5課本文 ➤）　今天　我们　去　北海公园，**怎么样**?
　　　　　　　　　Jīntiān wǒmen qù Běihǎi-gōngyuán, zěnmeyàng?
　　　　　　　　　（今日私たちは北海公園に行くというのは、どうですか。）

（第6課本文 ➤）　我们　先　出发，到　北海公园　附近　吃，**怎么样**?
　　　　　　　　　Wǒmen xiān chūfā, dào Běihǎi-gōngyuán fùjìn chī, zěnmeyàng?
　　　　　　　　　（私たちはまず出発し、北海公園の近くへ行って食べるというのは、どうですか。）

（第9課本文 ➤）　下　次　我们　一起　去　旅游，**怎么样**?
　　　　　　　　　Xià cì wǒmen yìqǐ qù lǚyóu, zěnmeyàng?

　　　　　　　　　（次回私たちは一緒に旅行に行くというのは、どうですか。）

♪
B32

【語句7】　外来語　（音と漢字から、意味を考えてみよう。）

1) 音訳語：　幽默　　　咖啡　　　卡拉ＯＫ　　　巧克力　　　可口可乐　　　麦当劳
　　　　　　yōumò　　kāfēi　　kǎlā'ōukèi　　qiǎokèlì　　Kěkǒukělè　　Màidāngláo
　　　　　　（ユーモア）　（コーヒー）　（カラオケ）　（　　　　）　（　　　　）　（　　　　）

2) 意訳語：　电脑　　　　　上网　　　　　软件　　　　硬件　　　　鼠标
　　　　　　diànnǎo　　　shàngwǎng　　ruǎnjiàn　　yìngjiàn　　shǔbiāo
　　　　　　（コンピューター）（インターネットする）（ソフトウエア）（ハードウエア）（　　　　）

3) 音訳＋意訳・説明語：　黑客　　　啤酒　　　咖喱饭　　　汉堡(包)　　　比萨(饼)
　　　　　　　　　　　　hēikè　　píjiǔ　　gālífàn　　hànbǎo(bāo)　　bǐsà(bǐng)
　　　　　　　　　　　　（ハッカー）（ビール）（　　　　）（　　　　）（　　　　）

＜その他＞　纽约　　　巴黎　　　伦敦　　　柏林　　　哥伦布　　　爱因斯坦
　　　　　　Niǔyuē　　Bālí　　Lúndūn　　Bólín　　Gēlúnbù　　Àiyīnsītǎn
　　　　　　（ニューヨーク）（　　　）（　　　）（　　　）（コロンブス）（　　　）

本文 **你的爱好是什么?** （あなたの趣味は何ですか。）
Nǐ de àihào shì shénme?

―趣味について語り合う―

【注】

孙 : 你 的 <u>爱好</u> 是 什么?
Nǐ de àihào shì shénme?

爱好 名詞 趣味

高桥: 我 的 爱好 是 **上网**、 唱 **卡拉OK**。
Wǒ de àihào shì shàngwǎng, chàng kǎlā'ōukèi.

您 有 什么 爱好?
Nín yǒu shénme àihào?

孙 : 我 **喜欢** 旅游、看 书 <u>什么的</u>。
Wǒ xǐhuan lǚyóu, kàn shū shénmede.

什么的：など

高桥: 我 **和** 您 **一样** 也 喜欢 旅游。
Wǒ hé nín yíyàng yě xǐhuan lǚyóu.

下 次 一起 去 旅游，**怎么样**?
Xià cì yìqǐ qù lǚyóu, zěnmeyàng?

孙 : 好 <u>啊</u>，你 想 去 哪儿?
Hǎo a, nǐ xiǎng qù nǎr?

啊 語気助詞 肯定の語気
第7課ポ3-1

上海 <u>不错</u>，你 去过 吗?
Shànghǎi búcuò, nǐ qùguo ma?

不错 形容詞 良い

高桥: 上海 **去过**，我 想 去 西安。
Shànghǎi qùguo, wǒ xiǎng qù Xī'ān.

孙 : 西安 我 也 没 去过，这个 周末 就 去，
Xī'ān wǒ yě méi qùguo, zhège zhōumò jiù qù,

怎么样?
zěnmeyàng?

高桥: 好 啊，<u>一言为定</u>。
Hǎo a, yìyánwéidìng.

一言为定 四字句 必ずそ
うする

表現のポイントと〈トレーニング〉

♪
B34 ① 「"多 (duō)"＋形容詞」の疑問文 （1．年齢、2．身長、3．時間の長さ）

> 1．年齢のたずね方（➤ 第10課本文）
>
> 你　今年　**多　大**?　──　我　今年　二十　岁。
> Nǐ　jīnnián　duō　dà?　　　Wǒ　jīnnián　èrshí　suì.
> （あなたは今年何歳ですか。）　　（私は今年20歳です。）
>
> ※　小朋友，　你　几　岁?　──　我　八　岁。
> 　Xiǎopéngyou,　nǐ　jǐ　suì?　　　Wǒ　bā　suì.
>
> 2．身長のたずね方（➤ 第10課本文）
>
> 她　(有)　**多　高**?　──　她　(有)　一　米　五　六。
> Tā　(yǒu)　duō　gāo?　　Tā　(yǒu)　yì　mǐ　wǔ　liù.
> （彼女はどれくらいの身長ですか。）　（彼女は1m56cmです。）
>
> 3．時間の長さのたずね方（➤ 第13課本文）
>
> 坐　公交车　去　北海公园，　要　**多　长**　时间?　──　要　一个　小时。
> Zuò　gōngjiāochē　qù　Běihǎi-gōngyuán,　yào　duō　cháng　shíjiān?　　Yào　yíge　xiǎoshí.
> （路線バスで北海公園に行くと、どれくらい時間がかかりますか。）　（1時間かかります。）

♪
B35 トレーニング　次の中国語の質問に中国語で答えてみよう！

(1)　你　今年　多　大?
　　Nǐ　jīnnián　duō　dà?

簡体字：_____

ピンイン：_____

(2)　你　多　高?
　　Nǐ　duō　gāo?

簡体字：_____

ピンイン：_____

♪
B36 ② 副詞⑦"才（cái）" （"才"は話し手の認識と「差」や「ズレ」のあることを表明する。
　　　　　　　　　　　　　　⇒ A"才"B = Aハ　たった、わずか／やっと　Bダ）

> 1．他们　**才**　来　两个　月。　（彼らは来てたった2カ月です。）（➤ 第10課本文）
> 　Tāmen　cái　lái　liǎngge　yuè.
>
> 2．他　两　点　**才**　来。　（彼は2時にやっと来ました。）
> 　Tā　liǎng　diǎn　cái　lái.

トレーニング 先生のあとについて発音し、□を［ ］の中の語に置き換えて書いてみよう！

(1) 她们　才　来　四个　月。　　　　　　　　［一会儿　yíhuìr（しばらく）］
　　Tāmen　cái　lái　sìge　yuè.

簡体字：＿＿＿＿＿＿＿＿＿＿＿＿＿＿＿＿＿

ピンイン：＿＿＿＿＿＿＿＿＿＿＿＿＿＿＿＿＿

(2) 我们　上　大学　以后，才　开始　学习　汉语。［法语　Fǎyǔ（フランス語）］
　　Wǒmen　shàng　dàxué　yǐhòu,　cái　kāishǐ　xuéxí　Hànyǔ.
　　　　　　　　　　（※"上大学"：大学に入学する、"～以后"：～の後、"开始"：開始する）

簡体字：＿＿＿＿＿＿＿＿＿＿＿＿＿＿＿＿＿

ピンイン：＿＿＿＿＿＿＿＿＿＿＿＿＿＿＿＿＿

3 前置詞⑤"比(bǐ)"＝比較の表現 （A"比"B～＝<u>Aハ</u>　<u>Bト　比べて</u>　＋　<u>比較の結果ダ</u>。）

我　比　你　　大　两　岁。	／	你　比　我　小　两　岁。
<u>Wǒ</u>　<u>bǐ　nǐ</u>　　dà　liǎng　suì.		Nǐ　bǐ　wǒ　xiǎo　liǎng　suì.
Aハ　　Bと比べて　比較の結果ダ。		
（私はあなたより2歳年上です。）		（あなたは私より2歳年下です。）
他　比　你　　高　三　公分。	／	你　比　他　矮　三　公分。
<u>Tā</u>　<u>bǐ　nǐ</u>　　gāo　sān　gōngfēn.		Nǐ　bǐ　tā　ǎi　sān　gōngfēn.
Aハ　　Bと比べて　　比較の結果ダ。		
（彼はあなたより3cm背が高い。）		（あなたは彼より3cm背が低い。）

トレーニング 先生のあとについて発音し、□を［ ］の中の語に置き換えて書いてみよう！

(1) 他　比　我　大　三　岁。　　　　　　　　　　［四　岁　sì suì］
　　Tā　bǐ　wǒ　dà　sān　suì.

簡体字：＿＿＿＿＿＿＿＿＿＿＿＿＿＿＿＿＿

ピンイン：＿＿＿＿＿＿＿＿＿＿＿＿＿＿＿＿＿

(2) 他　比　我　高　两　公分。　　　　　　［十二　公分　shí'èr gōngfēn］
　　Tā　bǐ　wǒ　gāo　liǎng　gōngfēn.

簡体字：＿＿＿＿＿＿＿＿＿＿＿＿＿＿＿＿＿

ピンイン：＿＿＿＿＿＿＿＿＿＿＿＿＿＿＿＿＿

4 　前置詞⑥"跟 (gēn)"　("跟"～ ＝ ～と)

1．我 的 意见 **跟** 你 的 **一样**。　／　我 的 意见 **跟** 你 的 **不 一样**。
　　Wǒ de yìjiàn gēn nǐ de yíyàng.　　　　Wǒ de yìjiàn gēn nǐ de bù yíyàng.
　　（私の意見はあなたと同じです。）　　　　（私の意見はあなたと違います。）

2．他 **跟** 你 **一样** 喜欢 打 棒球。
　　Tā gēn nǐ yíyàng xǐhuan dǎ bàngqiú.
　　（彼はあなたと同じように野球をするのが好きです。）

3．我 个子 高， **跟** 喜欢 打 篮球 **有 关系**。
　　Wǒ gèzi gāo, gēn xǐhuan dǎ lánqiú yǒu guānxi.
　　（私が背が高いのは、バスケットボールをやるのが好きなのと関係があります。）

トレーニング 　先生のあとについて発音し、□を［ ］の中の語に置き換えて書いてみよう！

（1）　我 跟 你 一样 喜欢 打 棒球 。　　　［踢 足球 tī zúqiú（サッカーをする）］
　　　Wǒ gēn nǐ yíyàng xǐhuan dǎ bàngqiú.

簡 体 字：

ピンイン：

（2）　他 个子 高， 跟 喜欢 打 篮球 有 关系。
　　　Tā gèzi gāo, gēn xǐhuan dǎ lánqiú yǒu guānxi.

　　　　　　　　　　　　　［打 排球 dǎ páiqiú（バレーボールをする）］

簡 体 字：

ピンイン：

5 　接続詞③‐逆接　"可是 (kěshi)"、"不过 (búguò)"、"但 (是) dàn(shì)"

1．"可是"‐強い逆接＝しかし（➤ 第 10 課本文）
　　我 个子 很 矮， **可是** 我 很 喜欢 打 篮球。
　　Wǒ gèzi hěn ǎi, kěshi wǒ hěn xǐhuan dǎ lánqiú.
　　（私は背が低いです、しかしバスケットボールをするのがとても好きです。）

2．"不过"‐前述の事柄と一部分異なる＝でも（➤ 第 15 課本文）
　　我 很 喜欢 吃 中国菜， **不过** 太 辣 的 不 行。
　　Wǒ hěn xǐhuan chī Zhōngguócài, búguò tài là de bù xíng.
　　（私は中華料理が好きです、でも辛すぎるのはダメです。）

3．"但 (是)"‐前述の事柄に対して、条件、例外を示す＝ただし（➤ 第 15、17 課本文）
　　我 很 想 去 他 家 玩儿， **但(是)** 我 不 知道 他 家 在 哪儿。
　　Wǒ hěn xiǎng qù tā jiā wánr, dàn(shì) wǒ bù zhīdào tā jiā zài nǎr.
　　（私は彼の家に遊びに行きたいです、でも彼の家がどこにあるのか知りません。）

♪ **B43** 【本文】 **你今年多大?**（あなたは今年何歳ですか。）
Nǐ jīnnián duō dà?

—年齢や身長をたずねる—

孙 ：你 今年 **多 大** 了?
Nǐ jīnnián duō dà le?

高桥：十九 岁。 您 呢?
Shíjiǔ suì. Nín ne?

孙 ：我 二十二 岁。
Wǒ èrshi'èr suì.

高桥：噢, **比** 我 大 三 岁 呀。
Ō, bǐ wǒ dà sān suì ya.

您 个子 真 高, 有 一 米 八 吧?
Nín gèzi zhēn gāo, yǒu yì mǐ bā ba?

孙 ：一 米 八 二。
Yì mǐ bā èr.

你 有 **多 高**?
Nǐ yǒu duō gāo?

高桥：我 **才** 一 米 七, 您 **比** 我 高 十二 公分 啊!
Wǒ cái yì mǐ qī, nín bǐ wǒ gāo shí'èr gōngfēn a!

孙 ：也许 跟 打 篮球 有 关系, 我 喜欢 打 篮球。
Yěxǔ gēn dǎ lánqiú yǒu guānxi, wǒ xǐhuan dǎ lánqiú.

高桥：**可是** 我 **跟** 您 **一样**, 也 喜欢 打 篮球 啊。
Kěshi wǒ gēn nín yíyàng, yě xǐhuan dǎ lánqiú a.

【注】

了 語気助詞 第 4 課ポ④-1

呢 語気助詞 確認の語気
第 7 課ポ④-2

噢 感嘆詞 了解や理解の
気持ち

呀 語気助詞 "啊"と同じ
意外な気持ち
第 7 課ポ③-3

吧 語気助詞 推測の語気
第 5 課ポ④-3

啊 語気助詞 驚きの語気
第 7 課ポ③-3

也许 副詞 ～かも知れな
い

啊 語気助詞 肯定の語気
第 7 課ポ③-1

━━━━━━━━━ 表現のポイントと〈トレーニング〉 ━━━━━━━━━

♪ B44

【語句8】 百以上の数字

100：一百	101：一百 零 一	110：一百 一(十)	111：一百 一十一
yìbǎi	yìbǎi líng yī	yìbǎi yī(shí)	yìbǎi yīshiyī

200：二百（两百）　　一千　两千　　　　一万　两万　　　　一亿　两亿
　　　èrbǎi (liǎngbǎi)　yìqiān liǎngqiān　yíwàn liǎngwàn　yíyì liǎngyì
　　　　　　　　　　　　　　　　　　　　　　　　　　　　　　（1億）（2億）

♪ B45

トレーニング　先生のあとについて発音し、アラビア数字を簡体字で書いてみよう！

(1)　102　　　　　　　　2200　　　　　　　　15030

簡 体 字 : _____

ピンイン : _____

♪ B46

【語句9】中国語のお金の単位

お金（"人民币 Rénmínbì"）			
	1.00	0.10	0.01
書き言葉	一 元 yì yuán	一 角 yì jiǎo	一 分 yì fēn
話し言葉	一 块 yí kuài	一 毛 yì máo	

＜いろいろな国の通貨＞

日元　　　　美元　　　　欧元
Rìyuán　　Měiyuán　　Ōuyuán
（日本円）（アメリカドル）（ユーロ）

英镑　　　　台币　　　　韩元
Yīngbàng　Táibì　　Hányuán
（英ポンド）（台湾ドル）（韓国ウォン）

♪ B47

① 値段のたずね方、言い方

这个　多少　钱?　——　一百　二十　块　八　毛　（钱）。
Zhèige duōshao qián?　　　Yìbǎi èrshí kuài bā máo (qián).
（これはいくらですか。　　　120元8角です。）

♪ B48

トレーニング　先生のあとについて発音し、□を［ ］の中の語に置き換えて書いてみよう！

(1)　那 件 衣服 多少 钱?　——　一千 一（百 块）。
　　　Nà jiàn yīfu duōshao qián?　　Yìqiān yì (bǎi kuài).

　　　　　　　　　　　　　　　　　［两千 两百 二　liǎngqiān liǎngbǎi èr］

簡 体 字 : _____

ピンイン : _____

♪ B49

2　構造助詞②"的 (de)"(2)＝連体修飾　（動詞（句）／形容詞（句）＋"的"（＋名詞））

1．形容詞＋"的"＋名詞（➤ 第11課本文）

这个　商店　有　一　件　很　漂亮　的　旗袍。
Zhège　shāngdiàn　yǒu　yí　jiàn　hěn　piàoliang　de　qípáo.

（この店にはとてもきれいなチャイナドレスがあります。）

2．動詞＋"的"＋名詞（➤ 第18課本文）

妈妈　包　的　饺子　很　好吃。
Māma　bāo　de　jiǎozi　hěn　hǎochī.

（お母さんが作ったギョウザはとても美味しいです。）

3．名詞／形容詞／動詞＋"的"（＋名詞）（➤ 第15課本文）

这　是　我　的。　／　我　喜欢　甜　的。　／　这　是　我　买　的。
Zhè　shì　wǒ　de.　　　　Wǒ　xǐhuan　tián　de.　　　Zhè　shì　wǒ　mǎi　de.

（これは私のです。　　　私は甘いのが好きです。　　これは私が買ったものです。）

♪ B50

3　コミュニケーションを円滑にするための婉曲表現　（ちょっとＶする／ちょっとＶしてみる）

1．動詞の重複形式（➤ 第11課本文）

我　试试。（ちょっと試してみます。）　／　你　看看。（ちょっと見てください。）
Wǒ　shìshi.　　　　　　　　　　　　　　　Nǐ　kànkan.

2．「動詞＋"一下儿 (yíxiàr)"」（動量詞）（➤ 第11課本文）

咱们　在　那儿　休息　一下儿　吧。（私たちはあそこでちょっと休憩しましょう。）
Zánmen　zài　nàr　xiūxi　yíxiàr　ba.

3．「動詞＋"一点儿 (yìdiǎnr)"」（動量詞）（➤ 第18課本文）

你们　多　吃　一点儿!（たくさん食べてください。）
Nǐmen　duō　chī　yìdiǎnr!

♪ B51

トレーニング　先生のあとについて発音し、□を［　］の中の語に置き換えて書いてみよう！

(1)　我　试试。
　　　Wǒ　shìshi.

［尝尝　chángchang］

（※"尝"：味わう）

簡体字：＿＿＿＿＿＿＿＿＿＿＿＿＿＿＿＿＿＿＿＿＿＿＿＿＿＿＿＿＿＿＿＿

ピンイン：＿＿＿＿＿＿＿＿＿＿＿＿＿＿＿＿＿＿＿＿＿＿＿＿＿＿＿＿＿＿＿

(2)　咱们　在　那儿　休息　一下儿　吧。
　　　Zánmen　zài　nàr　xiūxi　yíxiàr　ba.

［这儿　zhèr］

簡体字：＿＿＿＿＿＿＿＿＿＿＿＿＿＿＿＿＿＿＿＿＿＿＿＿＿＿＿＿＿＿＿＿

ピンイン：＿＿＿＿＿＿＿＿＿＿＿＿＿＿＿＿＿＿＿＿＿＿＿＿＿＿＿＿＿＿＿

♪ B52

4 助動詞② "可以 (kěyi)" （可能：特定の状況下における許可、許容、承諾）

这儿 **可以** 照相。 （ここでは写真を撮ってもいいです。）
Zhèr kěyi zhàoxiàng.

这个 商店 **可以** 刷卡 吗? —— **可以。** / **不 行。**
Zhège shāngdiàn kěyi shuākǎ ma? Kěyi. Bù xíng.
（このお店はカードで支払うことができますか。） （できます。） （ダメです。）

♪ B53

トレーニング 先生のあとについて発音し、□を ［ ］ の中の語に置き換えて書いてみよう!

(1) 那儿 可以 照相 吗? —— 不 行, 那儿 禁止 照相。
Nàr kěyi zhàoxiàng ma? Bù xíng, nàr jìnzhǐ zhàoxiàng.

［吸 烟 xī yān （タバコを吸う）］ （※ "禁止"：禁止する）

簡体字 :

ピンイン :

(2) 我 可以 坐在 这儿 吗? —— 当然 可以。
Wǒ kěyi zuòzài zhèr ma? Dāngrán kěyi.

［试穿 一下儿 shìchuān yíxiàr］

（※ "坐"：座る、"V 在"：第8課ポ1-3参照、"当然"：もちろん、"试穿"：試着する）

簡体字 :

ピンイン :

♪ B54

5 "有点儿 (yǒudiǎnr)" と "一点儿 (yìdiǎnr)" の表現 （（程度が）わずかである）

1．"有点儿" ＋形容詞
今天 **有点儿** 热。 （今日は少し暑い。）
Jīntiān yǒudiǎnr rè.

2．形容詞 ＋"一点儿"
今天 比 昨天 热 **一点儿**。 （今日は昨日より少し暑い。）
Jīntiān bǐ zuótiān rè yìdiǎnr.

♪ B55

トレーニング 先生のあとについて発音し、□を ［ ］ の中の語に置き換えて書いてみよう!

(1) 这个 有点儿 小, 有 大 一点儿 的 吗? —— 有。 / 没有。
Zhèige yǒudiǎnr xiǎo, yǒu dà yìdiǎnr de ma? Yǒu. Méiyou.

［贵 guì （値段が高い）、便宜 piányi （安い）］

簡体字 :

ピンイン :

本文 **有便宜一点儿的吗?** （少し安いのはありますか。）
Yǒu piányi yìdiǎnr de ma?

―チャイナドレスを買う―

渡边：这 件 旗袍 真 漂亮!
Zhè jiàn qípáo zhēn piàoliang!

林 ：确实 很 漂亮， 你 试穿 一下儿 吧。
Quèshí hěn piàoliang, nǐ shìchuān yíxiàr ba.

（渡边 问 店员）
(Dùbiān wèn diànyuán)

渡边：请 问， 这 件 旗袍 多少 钱?
Qǐng wèn, zhè jiàn qípáo duōshao qián?

店员：原价 两千， 现在 打 八 折， 一千 六。
Yuánjià liǎngqiān, xiànzài dǎ bā zhé, yìqiān liù.

渡边：有点儿 贵， 有 便宜 一点儿 的 吗?
Yǒudiǎnr guì, yǒu piányi yìdiǎnr de ma?

店员：有。 那 件 原价 一千， 也 打 八 折， 怎么样?
Yǒu. Nà jiàn yuánjià yìqiān, yě dǎ bā zhé, zěnmeyàng?

林 ：你 还是 先 试试 再 考虑 买 不 买 吧。
Nǐ háishi xiān shìshi zài kǎolǜ mǎi bu mǎi ba.

· · · · · · · · · · · · · · · · · · ·

渡边：我 就 买 这 件 吧。
Wǒ jiù mǎi zhè jiàn ba.

请 问， 可以 刷卡 吗?
Qǐng wèn, kěyi shuākǎ ma?

店员：当然 可以。
Dāngrán kěyi.

【注】

确实 副詞 確かに
吧 語気助詞 提案の語気
　　第5課ポ④-2

店员 名詞 店員

请问：おたずねします
请：第14課ポ⑤

原价 名詞 （値下げ前の）
　　値段
打折 動詞 割引する
打八折：8割の値段に割引
　　する
　　離合詞→第12課ポ⑤-2

还是 副詞 やはり
　　第6課ポ③-2
考虑 動詞 よく考える
吧 語気助詞 提案の語気
　　第5課ポ④-2

就 副詞 それで
　　第9課ポ④
吧 語気助詞 許容の語気
　　第5課ポ④-4

━━━━━━━━━━━━━━ 表現のポイントと〈トレーニング〉 ━━━━━━━━━━━━━━

♪ B57　1　助動詞③ "会 (huì)"　（可能：非常に高い蓋然性）

> **1．個人の技術・技能**（➤ 第12課本文）
>
> 她　**会**　唱　　京剧。（彼女は京劇を歌うことができます。）
> Tā　huì　chàng　Jīngjù.
>
> **2．客観的事実の高い確実性**
>
> 明天　　他　　一定　**会**　来。（あした彼はきっと来ます。）
> Míngtiān　tā　yídìng　huì　lái.

♪ B58　 トレーニング 　先生のあとについて発音し、□を［ ］の中の語に置き換えて書いてみよう！

(1)　你　会　 说　英语 　吗?　──　会。／会　一点儿。／不　会。
　　　Nǐ　huì　shuō　Yīngyǔ　ma?　　　　Huì.　Huì　yìdiǎnr.　Bú　huì.

　　　　　　　　　　　　　　　　　　［弹　钢琴　tán gāngqín（ピアノを弾く）］（※"说"：話す）

簡体字：_____

ピンイン：_____

(2)　她　　一定　会　 来 。　　　　　　　　［知道　zhīdao（知っている）］
　　　Tā　yídìng　huì　lái.

簡体字：_____

ピンイン：_____

♪ B59　2　助動詞④ "能 (néng)"　（可能：条件）

> **1．個人に属する能力の条件**（➤ 第12課、第15課本文）
>
> 他　**能**　游　　三　　公里。（彼は3キロメートル泳ぐことができます。）
> Tā　néng　yóu　sān　gōnglǐ.
>
> **2．客観的事実成立の条件**（➤ 第17課本文）
>
> 明天　　的　会议　我　**能**　参加。（私はあしたの会議に参加できます。）
> Míngtiān　de　huìyì　wǒ　néng　cānjiā.

♪ B60　 トレーニング 　先生のあとについて発音し、□を［ ］の中の語に置き換えて書いてみよう！

(1)　她　能　 游　三　公里 。　　　　　　［看　中文　报纸　kàn Zhōngwén bàozhǐ］
　　　Tā　néng　yóu　sān　gōnglǐ.

　　　　　　　　　　　　　　　　　　　　　　　　（※"报纸"：新聞）

簡体字：_____

ピンイン：_____

(2)　明天　的　会议　你　能　参加　吗?　——　我　有　事儿, 不　能　参加。
　　　Míngtiān de huìyì nǐ néng cānjiā ma?　　　Wǒ yǒu shìr, bù néng cānjiā.

［欢迎会　huānyínghuì（歓迎会）］　（※"事儿"：用事）

簡 体 字：＿＿＿＿＿＿＿＿＿＿＿＿＿＿＿＿＿＿＿＿＿＿＿＿＿＿＿

ピンイン：＿＿＿＿＿＿＿＿＿＿＿＿＿＿＿＿＿＿＿＿＿＿＿＿＿＿＿

♪
B61

3 補語② − 様態補語　（V−"得 (de)" 〜：V スルノガ　〜　ダ）

1．她　唱**得**　很　不错。（彼女は歌うのがとても上手です。）
　　Tā chàngde hěn búcuò.

2．他　开　车　开**得**　好　吗?　——　开**得**　很　好。　／　开**得**　不　好。
　　Tā kāi chē kāide hǎo ma?　　　kāide hěn hǎo.　　　kāide bù hǎo.
　　（彼は車を運転するのは上手ですか。）　　　（上手です。）　　　（上手ではありません。）

♪
B62

トレーニング　先生のあとについて発音し、□を［　］の中の語に置き換えて書いてみよう！

(1)　他　唱得　很　不错。　　　　　　　　　　　　　［画　huà（絵を画く）］
　　Tā chàngde hěn búcuò.

簡 体 字：＿＿＿＿＿＿＿＿＿＿＿＿＿＿＿＿＿＿＿＿＿＿＿＿＿＿＿

ピンイン：＿＿＿＿＿＿＿＿＿＿＿＿＿＿＿＿＿＿＿＿＿＿＿＿＿＿＿

(2)　她　唱得　很　不错。　　　　　　　　　　　　［不　好　bù hǎo］
　　Tā chàngde hěn búcuò.

簡 体 字：＿＿＿＿＿＿＿＿＿＿＿＿＿＿＿＿＿＿＿＿＿＿＿＿＿＿＿

ピンイン：＿＿＿＿＿＿＿＿＿＿＿＿＿＿＿＿＿＿＿＿＿＿＿＿＿＿＿

(3)　她　开　车　开得　很　好。　　　　　［游泳 游得　yóuyǒng yóude］
　　Tā kāi chē kāide hěn hǎo.　　　　　　（※"游泳"：水泳をする）

簡 体 字：＿＿＿＿＿＿＿＿＿＿＿＿＿＿＿＿＿＿＿＿＿＿＿＿＿＿＿

ピンイン：＿＿＿＿＿＿＿＿＿＿＿＿＿＿＿＿＿＿＿＿＿＿＿＿＿＿＿

♪ B63

<u>4</u> "用"の用法 （品詞の兼務⑦—1．動詞、2．前置詞⑦）

1．動詞：用いる、使う

我　用　一下儿　这　本　词典，可以　吗?
Wǒ　yòng　yíxiàr　zhè　běn　cídiǎn，kěyi　ma?

（この辞書をちょっと使ってもいいですか。）

2．前置詞⑦："用"～　V　＝　～デ　Vスル（➤ 第12課本文）

我们　用　筷子　吃　吧。
Wǒmen　yòng　kuàizi　chī　ba.

（私たちはお箸で食べましょう。）

♪ B64

トレーニング　先生のあとについて発音し、□を［　］の中の語に置き換えて書いてみよう！

(1)　我　用　一下儿　这　本　词典，可以　吗?　——　可以。／不　行。
Wǒ　yòng　yíxiàr　zhè　běn　cídiǎn，kěyi　ma?　　　Kěyi.　Bù　xíng.

　［这 台 电脑　zhè tái diànnǎo（このパソコン）］

簡 体 字：

ピンイン：

(2)　我们　用　汉语　聊　吧。　　　　　　　　　　　　［英语　Yīngyǔ］
Wǒmen　yòng　Hànyǔ　liáo　ba.

（※"聊"：おしゃべりする）

簡 体 字：

ピンイン：

♪ B65

<u>5</u> 離合詞 （語構成が「動詞＋目的語」の二音節の動詞）

1．听说　他　今天　不　来。（彼は今日来ないそうです。）
Tīngshuō　tā　jīntiān　bù　lái.

2．听　小王　说　这　本　小说　很　有　意思。
Tīng　xiǎo-Wáng　shuō　zhè　běn　xiǎoshuō　hěn　yǒu　yìsi.

（王さんによればこの小説は面白いそうです。）

（第11課本文 ➤）　打折（割引する）　→　打　八　折（八割に割引する＝二割引く）
　　　　　　　　　dǎzhé　　　　　　　　　dǎ　bā　zhé

（第16課本文 ➤）　请客（おごる）　→　请　你　的　客（あなたにおごる）
　　　　　　　　　qǐngkè　　　　　　　　 qǐng　nǐ　de　kè

（第18課本文 ➤）　干杯（乾杯する）　→　干了　一　杯（乾杯した）
　　　　　　　　　gānbēi　　　　　　　　 gānle　yì　bēi

♪ B66

听说他唱得很不错。 （彼は歌うのが上手いそうです。）
Tīngshuō tā chàngde hěn búcuò.

—うわさ話をする—

【注】

渡边：**听说** 孙 国伟 **会** 唱 京剧，你 知道 吗?
Tīngshuō Sūn Guówěi huì chàng Jīngjù, nǐ zhīdao ma?

高桥：不 知道，我 **只** 知道 他 喜欢 唱 歌。
Bù zhīdào, wǒ zhǐ zhīdao tā xǐhuan chàng gē.

只 副詞 ただ〜だけ

渡边：**听说** 唱**得** 很 不错。
Tīngshuō chàngde hěn búcuò.

高桥：他 兴趣 广泛， 游泳 也 游得 很 好，
Tā xìngqù guǎngfàn, yóuyǒng yě yóude hěn hǎo,

兴趣 名詞 趣味
广泛 形容詞 広範である

一口气 能 游 五百 米 呢。
yìkǒuqì néng yóu wǔbǎi mǐ ne.

一口气 副詞 一気に
呢 語気助詞 確信の語気
第7課ポ4-1

孙 ：你们 在 这儿 做 什么 呢?
Nǐmen zài zhèr zuò shénme ne?

做 動詞 する
呢 語気助詞 確認の語気
第7課ポ4-2

渡边：在 聊 你 呢。
Zài liáo nǐ ne.

在＋V：V している
第8課ポ1-4
聊 動詞 おしゃべりする
呢 語気助詞 確信の語気
第7課ポ4-1

高桥：说 曹操，曹 操 到。
Shuō Cáo Cāo, Cáo Cāo dào.

曹操 人名 後漢末期の武
将で、魏の王
"说曹操,曹操到。" =「噂
をすれば影」

孙 ：哦? 你们 **用** 日语 聊 还是 **用** 汉语 聊 啊?
Ó? Nǐmen yòng Rìyǔ liáo háishi yòng Hànyǔ liáo a?

哦 感嘆詞 へえ? 半信
半疑の気持ち
啊 語気助詞 疑問の語気を
和らげる 第7課ポ3-2

表現のポイントと〈トレーニング〉

♪
B67

【語句10】 時間の量と動作の回数

①＜時間の量＞

一　分钟（1分間） yì　fēnzhōng	两　分钟（2分間） liǎng fēnzhōng		
半个　小时（30分） bànge xiǎoshí	一个　小时（1時間） yíge　xiǎoshí	两个　半 小时（2時間半） liǎngge bàn xiǎoshí	
一　天（1日間） yì tiān	两　天（2日間） liǎng tiān	一个　星期（1週間） yíge　xīngqī	两个　星期（2週間） liǎngge xīngqī
一个　月（1か月） yíge　yuè	两个　月（2か月） liǎngge yuè	一　年（1年間） yì nián	两　年（2年間） liǎng nián

②＜動作の回数＞

一　次（1回） yí　cì	两　次（2回） liǎng cì

♪
B68

1 時間の量・動作の回数を表す表現の語順

1．時間の量　　我们　走　**十**　**分钟**　就　到　了。（私たちは10分歩けば到着します。）
　　　　　　　Wǒmen　zǒu　shí　fēnzhōng　jiù　dào　le.

2．回数　　　　我　去过　**三**　**次**　中国。　（私は3回中国に行ったことがあります。）
　　　　　　　Wǒ　qùguo　sān　cì　Zhōngguó.

♪
B69

　　トレーニング　　先生のあとについて発音し、□を［　］の中の語に置き換えて書いてみよう！

（1）　我　每天　学习　一个　半　小时　汉语。　［两个　半　小时　liǎngge bàn xiǎoshí］
　　　　Wǒ　měitiān　xuéxí　yíge　bàn　xiǎoshí　Hànyǔ.

簡体字：

ピンイン：

♪
B70

2 時態助詞③「動詞 –"着(zhe)"」 （動作・行為の状態・持続）

1．他　今天　**穿着**　一　件　红　毛衣。（彼は今日赤いセーターを着ています。）
　　Tā　jīntiān　chuānzhe　yí　jiàn　hóng　máoyī.

2．「V1 **着** V2」（V1しながらV2する）

　　咱们　**走着**　去　吧。（私たちは歩いて行きましょう。）
　　Zánmen　zǒuzhe　qù　ba.

トレーニング　先生のあとについて発音し、□を［　］の中の語に置き換えて書いてみよう！

（1）　他　戴着　眼镜。　　　　　　　　　　　　　　　　　［墨镜　mòjìng（サングラス）］
　　　Tā　dàizhe　yǎnjìng.　　　　　　　　　　　　（"戴"：（首から上に）身につける、"眼镜"：メガネ）

簡体字：＿＿＿＿＿＿＿＿＿＿＿＿＿＿＿＿＿＿＿＿＿＿＿＿＿＿＿＿＿＿＿＿

ピンイン：＿＿＿＿＿＿＿＿＿＿＿＿＿＿＿＿＿＿＿＿＿＿＿＿＿＿＿＿＿

（2）　咱们　走着　去　吧。　　　　　　　　　　　　　　　　　　［跑　pǎo（走る）］
　　　Zánmen　zǒuzhe　qù　ba.

簡体字：＿＿＿＿＿＿＿＿＿＿＿＿＿＿＿＿＿＿＿＿＿＿＿＿＿＿＿＿＿＿＿＿

ピンイン：＿＿＿＿＿＿＿＿＿＿＿＿＿＿＿＿＿＿＿＿＿＿＿＿＿＿＿＿＿

【語句 11】　方位詞

上	下	里	外	前	后	左	右	东	南	西	北	旁
shàng	xià	lǐ	wài	qián	hòu	zuǒ	yòu	dōng	nán	xī	běi	páng
上边儿	下边儿	里边儿	外边儿	前边儿	后边儿	左边儿	右边儿	东边儿	南边儿	西边儿	北边儿	旁边儿
shàngbianr	xiàbianr	lǐbianr	wàibianr	qiánbianr	hòubianr	zuǒbianr	yòubianr	dōngbianr	nánbianr	xībianr	běibianr	pángbiānr
上面	下面	里面	外面	前面	后面	左面	右面	东面	南面	西面	北面	—
shàngmian	xiàmian	lǐmian	wàimian	qiánmian	hòumian	zuǒmian	yòumian	dōngmian	nánmian	xīmian	běimian	—

③　存現文

（未知の人や物の存在・出現・消失などを表す＝場所名詞／時間名詞＋V＋未知の人や物）

1．存在：桌子上　　　放着　一　本　书。（机の上に一冊本が置いてあります。）
　　　　Zhuōzishang　fàngzhe　yì　běn　shū.

2．出現：前边　来了　一个　女孩儿。（前から一人（知らない）女の子がやって来ました。）
　　　　Qiánbian　láile　yíge　nǚháir.　　　　　　　　　　　　（➤ 第13課本文）

3．消失：昨天　搬走了　两个　同学。（きのう二人の同級生が引っ越していった。）
　　　　Zuótiān　bānzǒule　liǎngge　tóngxué.

トレーニング　先生のあとについて発音し、□を［　］の中の語に置き換えて書いてみよう！

（1）　前边　来了　一个　人。　　　　　　　　　　［几个　孩子　jǐge háizi（何人かの子ども）］
　　　Qiánbian　láile　yíge　rén.

簡体字：＿＿＿＿＿＿＿＿＿＿＿＿＿＿＿＿＿＿＿＿＿＿＿＿＿＿＿＿＿＿＿＿

ピンイン：＿＿＿＿＿＿＿＿＿＿＿＿＿＿＿＿＿＿＿＿＿＿＿＿＿＿＿＿＿

4　前置詞⑧“离 (lí)”、“从 (cóng)”、“往 (wǎng)”

1．“离 (lí)”：　“离” + 「場所名詞」+ “近 (jìn)／远 (yuǎn)” = 「場所」カラ　近い／遠い

我　家　离　大学　很　近。(私の家は大学からとても近いです。)
Wǒ　jiā　lí　dàxué　hěn　jìn.

2．“从 (cóng)”：“从” + N + V = N が V の出発点

从　这儿　到　车站　需要　二十　分钟。
Cóng　zhèr　dào　chēzhàn　xūyào　èrshí　fēnzhōng.

(ここから駅まで20分必要です。)

☆ “到 (dào)” + N + V = N が V の到着点　(➤ 第 6 課ポ 5-2 参照)

3．“往 (wǎng)”：“往” + N + V = N の方向へ V スル

一直　往　前　走，走　七、八　分钟　就　到　了。
Yìzhí　wǎng　qián　zǒu, zǒu　qī、bā　fēnzhōng　jiù　dào　le.

(真っ直ぐ前に向かって行き、7,8 分歩けば到着します。)

トレーニング　先生のあとについて発音し、□□を［ ］の中の語に置き換えて書いてみよう！

(1)　你　家　离　这儿　远　吗?　── 很　远。　［有点儿 远　yǒudiǎnr yuǎn］
　　　Nǐ　jiā　lí　zhèr　yuǎn　ma?　　　Hěn　yuǎn.

簡体字：

ピンイン：

(2)　我　每天　从　早上　八　点　到　下午　五　点　工作。
　　　Wǒ　měitiān　cóng　zǎoshang　bā　diǎn　dào　xiàwǔ　wǔ　diǎn　gōngzuò.

　　　　　　　　　　　　［星期 六 和 星期 天　xīngqī liù hé xīngqī tiān］

簡体字：

ピンイン：

(3)　一直　往　前　走，走　七、八　分钟　就　到　了。　［十五　shíwǔ］
　　　Yìzhí　wǎng　qián　zǒu, zǒu　qī、bā　fēnzhōng　jiù　dào　le.

簡体字：

ピンイン：

本文 **怎么还没到?** （どうしてまだ到着しないのですか。）
Zěnme hái méi dào?

―道をたずねる―

【注】

渡边 ：这 是 去 三里屯 的 方向 吗?
Zhè shì qù Sānlǐtún de fāngxiàng ma?

我们 已经 走了 十 分钟 了，怎么 还 没 到?
Wǒmen yǐjing zǒule shí fēnzhōng le, zěnme hái méi dào?

高桥 ：**前边** 来了 一个 人， 我们 问问 她 吧!
Qiánbian láile yíge rén, wǒmen wènwen tā ba!

渡边 ：是 那个 穿着 白 衬衫 的 女孩儿 吗?
Shì nàge chuānzhe bái chènshān de nǚháir ma?

高桥 ：对!
Duì!

（问 过路人）
(wèn guòlùrén)

高桥 ：请 问, 三里屯 **离** 这儿 远 吗?
Qǐng wèn, Sānlǐtún lí zhèr yuǎn ma?

过路人：**离** 这儿 不 远。
Lí zhèr bù yuǎn.

高桥 ：是 这个 方向 吗?
Shì zhège fāngxiàng ma?

过路人：对 **啊**!
Duì a!

高桥 ：**从** 这儿 **到** 三里屯 走**着** 去 要 多 长 时间 呢?
Cóng zhèr dào Sānlǐtún zǒuzhe qù yào duō cháng shíjiān ne?

过路人：**一直** 往 前 走, 走 七、八 分钟 就 到 了。
Yìzhí wǎng qián zǒu, zǒu qī, bā fēnzhōng jiù dào le.

渡边、高桥：谢谢!
Xièxie!

三里屯 地名 北京市朝陽
区にある繁華街
方向 名詞 方向、方角

已经 副詞 すでに
了 語気助詞 第4課ポ4
怎么 疑問詞 どうして
第6課ポ4-2
还 副詞 その上さらに
第14課ポ2
还没＋V：第14課ポ2-2
问 動詞 たずねる
吧 語気助詞 勧誘の語気
第5課ポ4-1
衬衫 名詞 シャツ
女孩儿 名詞 女の子

过路人 名詞 通行人

啊 語気助詞 肯定の語気
第7課ポ3-1

要 動詞 必要である
第14課ポ1
多长时间：どのくらいの時
間か、第10課ポ1-3
呢 語気助詞 確認の語気
第7課ポ4-2
一直 副詞 まっすぐ

表現のポイントと〈トレーニング〉

♪
B78
1 "要 (yào)"の用法 （品詞の兼務⑧–1．動詞、2．助動詞⑤）

1．動詞 （必要である・欲しい／（時間や人数などが）必要である、かかる）（➤ 第13課本文）

我　要　两个。（私は2個欲しいです。）
Wǒ　yào　liǎngge.

我们　　走着　　去　要　多　长　　时间?　　——　要　五　分钟　　左右。
Wǒmen　zǒuzhe　qù　yào　duō　cháng　shíjiān?　　　　　Yào　wǔ　fēnzhōng　zuǒyòu.
（私たちは歩いて行くとどれくらい時間がかかりますか。）　　（5分くらいかかります。）

2．助動詞⑤ （"要"＋V＝Vする必要がある・Vしなければならない）（➤ 第14課本文）

星期　　天　我　要　　打工。（日曜日は私はアルバイトする必要があります。）
Xīngqī　tiān　wǒ　yào　dǎgōng.

♪
B79
トレーニング　先生のあとについて発音し、□を［　］の中の語に置き換えて書いてみよう！

(1)　我们　　走着　　去　要　一个　半　　小时。　　　［三十　分钟　sānshí fēnzhōng］
　　　Wǒmen　zǒuzhe　qù　yào　yíge　bàn　xiǎoshí.

簡 体 字：　

ピンイン：　

(2)　星期　　六　我　要　打工。　　　　　　［写　报告　xiě bàogào（レポートを書く）］
　　　Xīngqī　liù　wǒ　yào　dǎgōng.

簡 体 字：　

ピンイン：　

♪
B80
2 副詞⑧"还 (hái)"　（"还~"：その上さらに ～ だ）

1．"还"＋肯定型：今天　我　要　写　报告，　还　要　打工。
　　　　　　　　　　　Jīntiān　wǒ　yào　xiě　bàogào,　hái　yào　dǎgōng.
（今日私はレポートを書かなければならず、さらにアルバイトをしなければなりません。）

2．"还"＋否定型：报告　　我　还　没(有)　　写。（レポートは私はまだ書いていません。）
　　　　　　　　　Bàogào　wǒ　hái　méi(you)　xiě.

♪ B81

トレーニング 先生のあとについて発音し、□を [ ] の中の語に置き換えて書いてみよう！

(1) 我　想　学习　汉语，还　想　学习　英语。　　[德语 Déyǔ（ドイツ語）]
　　Wǒ xiǎng xuéxí Hànyǔ, hái xiǎng xuéxí Yīngyǔ.

簡体字：

ピンイン：

(2) 早饭　我　还　没　吃。　　　　　　　[午饭 wǔfàn（昼食）]
　　Zǎofàn wǒ hái méi chī.
　　　　　　　　　　　　　　　　　　　（※"早饭"：朝食）

簡体字：

ピンイン：

♪ B82

3　助動詞⑥"得 (děi)"　（"得"＋V =（その場の状況から客観的に判断して）V しなければならない）

今天　我　得　做　作业。（今日私は宿題をしなければなりません。）
Jīntiān wǒ děi zuò zuòyè.

♪ B83

トレーニング 先生のあとについて発音し、□を [ ] の中の語に置き換えて書いてみよう！

(1) 今天　我　得　做　作业。　　　　　[做 晚饭 zuò wǎnfàn（夕食を作る）]
　　Jīntiān wǒ děi zuò zuòyè.

簡体字：

ピンイン：

♪ B84

4　兼語式動詞文

我　有　一个　朋友　会　说　法语。（私にはフランス語が話せる友人がいます。）
Wǒ yǒu yíge péngyou huì shuō Fǎyǔ.

今晚　我　请　你们　吃饭。（今晚私はあなたたちに御馳走します。）
Jīnwǎn wǒ qǐng nǐmen chīfàn.

♪ B85

トレーニング 先生のあとについて発音し、□を [ ] の中の語に置き換えて書いてみよう！

(1) 我　有　一个　朋友　会　说　法语。
　　Wǒ yǒu yíge péngyou huì shuō Fǎyǔ.

　　　　　　　　　　　　[喜欢 唱 卡拉 OK　xǐhuan chàng kǎlā'ōukèi]

簡体字：

ピンイン：

(2)　今晩　我　请　你们　吃饭。
　　　Jīnwǎn　wǒ　qǐng　nǐmen　chīfàn.

［看　电影　kàn diànyǐng］

簡体字：_____

ピンイン：_____

♪ B86

5　「"请 (qǐng)"〜」の表現　（請う）

（第1課本文 ➢）　　请　多（多）　关照。
　　　　　　　　　　Qǐng　duō(duō)　guānzhào.

　　　　　　　（どうぞよろしくお願いします。）

（第11、13課本文 ➢）　请　问，附近　有　银行　吗?
　　　　　　　　　　　Qǐng　wèn，fùjìn　yǒu　yínháng　ma?

　　　　　　　（おたずねします、近くに銀行がありますか。）

（第14課本文 ➢）　　我　请　你们　看　电影。
　　　　　　　　　　Wǒ　qǐng　nǐmen　kàn　diànyǐng.

　　　　　　　（あなたたちを映画（を見るの）に招待します。）

（第16課本文 ➢）　　今天　我　请　客。
　　　　　　　　　　Jīntiān　wǒ　qǐng　kè.

　　　　　　　（今日は私がごちそうします。）

♪ B87

6　"打算 (dǎsuan)"の用法　（品詞の兼務⑨ -1. 名詞、2. 動詞）

1．名詞：（考え、計画、予定）
　　　明年　暑假　你　有　什么　打算?
　　　Míngnián　shǔjià　nǐ　yǒu　shénme　dǎsuan?
　（来年の夏休みにあなたはどういう計画がありますか。）

2．動詞：（〜するつもりだ、〜する予定だ）
　　　明年　暑假　我们　打算　去　中国　旅游。（➢ 第14課本文）
　　　Míngnián　shǔjià　wǒmen　dǎsuan　qù　Zhōngguó　lǚyóu.
　（来年の夏休みに私たちは中国へ旅行に行くつもりです。）

♪ B88

トレーニング　先生のあとについて発音し、□を［　］の中の語に置き換えて書いてみよう!

（1）　明年　暑假　我　打算　去　中国　旅游。
　　　Míngnián　shǔjià　wǒ　dǎsuan　qù　Zhōngguó　lǚyóu.

［留学　liúxué］

簡体字：_____

ピンイン：_____

本文 你们周末有空儿吗?（あなたたちは週末あいていますか。）
Nǐmen zhōumò yǒu kòngr ma?

—週末に映画を見に行く相談をする—

【注】

孙 ：你们 周末 有 空儿 吗?
Nǐmen zhōumò yǒu kòngr ma?

空儿 名詞 空いている時間

高桥：有 空儿, 怎么 啦?
Yǒu kòngr, zěnme la?

啦："了"+"啊"
怎么啦：どうしましたか

渡边：我 星期 六 要 打工。
Wǒ xīngqī liù yào dǎgōng.

林 ：我 得 写 报告, 有 个 报告 还 没 写。
Wǒ děi xiě bàogào, yǒu ge bàogào hái méi xiě.

孙 ：我 本来 打算 请 你们 看 电影 呢。
Wǒ běnlái dǎsuan qǐng nǐmen kàn diànyǐng ne.

本来 副詞 もともと
呢 語気助詞 確信の語気
第7課ポ④-1

星期 天 怎么样?
Xīngqī tiān zěnmeyàng?

高桥：太 好 了! 我 去。
Tài hǎo le! Wǒ qù.

渡边：我 星期 天 有 时间。
Wǒ xīngqī tiān yǒu shíjiān.

林 ：那 我 争取 周六 写 报告。
Nà wǒ zhēngqǔ zhōu liù xiě bàogào.

那 接続詞 それでは、それなら
争取 動詞 （実現を目指して）努力する
周六：土曜日

孙 ：好, 那 我们 星期 天 下午 两 点
Hǎo, nà wǒmen xīngqī tiān xiàwǔ liǎng diǎn

在 校门口 集合 吧。
zài xiàoménkǒu jíhé ba.

校门口 名詞 学校の正門前
集合 動詞 集合する
吧 語気助詞 勧誘の語気
第5課ポ④-1
的 語気助詞 断定の語気
第18課ポ①-2

林 ：好 的, 不见不散!
Hǎo de, bújiànbúsàn!

不见不散 四字句 （人と待ち合わせる時に）会うまで待つ

表現のポイントと〈トレーニング〉

♪ C01

1 補語③ − 結果補語

吃完	听懂	买到	看见	学好	用光
chīwán	tīngdǒng	mǎidào	kànjiàn	xuéhǎo	yòngguāng
（食べ終わる）	（聴いて分かる）	（買って手に入れる）	（見える）	（きちんと学ぶ・マスターする）	（使い尽くす）

1．肯定型　他　说　的　汉语　我　都　听懂　了。
　　　　　　Tā　shuō　de　Hànyǔ　wǒ　dōu　tīngdǒng　le.
　　　　　（彼の話す中国語は、私はすべて聴いて分かりました。）

2．否定型　他　说　的　汉语　我　没（有）　听懂。
　　　　　　Tā　shuō　de　Hànyǔ　wǒ　méi (you)　tīngdǒng.
　　　　　（彼の話す中国語は、私は聴いて分かりません。）

♪ C02

トレーニング　先生のあとについて発音し、□□を［　］の中の語に置き換えて書いてみよう！

(1)　今天　的　电影　你　看懂　了　吗?　——　看懂　了。
　　　Jīntiān　de　diànyǐng　nǐ　kàndǒng　le　ma?　　　Kàndǒng　le.
　　　　　　　　　　　　　　　　　　　　［没　看懂。　Méi kàndǒng.］　（※ "看懂"：見て分かる）

簡体字：

ピンイン：

(2)　我　想　学好　日语。　　　　　　　　　　　　　［中文　Zhōngwén］
　　　Wǒ　xiǎng　xuéhǎo　Rìyǔ.

簡体字：

ピンイン：

2 補語④ − 方向補語

1．Ｖ＋単純方向補語	上	下	进	出	回	过	起	来	去
	shàng	xià	jìn	chū	huí	guò	qǐ	lái	qù
	（上る）	（下る）	（入る）	（出る）	（返る）	（越える）	（起きる）	（来る）	（行く）

♪ C03

具象義：我　可以　进去　吗?　（入ってもいいですか。）（➤ 第 15 課本文）
　　　　Wǒ　kěyi　jìnqu　ma?

派生義：请　贴上　邮票。　（切手を貼ってください。）
　　　　Qǐng　tiēshang　yóupiào.

トレーニング 先生のあとについて発音し、□を［ ］の中の語に置き換えて書いてみよう！

(1) 你们 进去 吧。　　　　　　　　　　　　　　［进来　jìnlai（入って来る）］
　　　Nǐmen jìnqu ba.

簡 体 字 :

ピンイン :

2．複合方向補語	単純方向補語＋"来／去"						
V＋単純方向補語＋"来 lai"	上来	下来	进来	出来	回来	过来	起来
V＋単純方向補語＋"去 qu"	上去	下去	进去	出去	回去	过去	

具象義：他们　　跑上来　　了。（彼らが駆け上がってきました。）
　　　　Tāmen pǎoshanglai le.

派生義：他　看起来　很　累。（彼は見たところとても疲れているようです。）（➤ 第 15 課本文）
　　　　Tā kànqilai hěn lèi.

トレーニング 先生のあとについて発音し、□を［ ］の中の語に置き換えて書いてみよう！

(1) 他　跑上来　了。　　　　　　　　　　　　　　［跑上去　pǎoshangqu］
　　　Tā pǎoshanglai le.

簡 体 字 :

ピンイン :

(2) 他　看起来　很　累。　　　　　　　　　　　　［不 高兴　bù gāoxìng］
　　　Tā kànqilai hěn lèi.

簡 体 字 :

ピンイン :

3 「A是A，但（是）〜」の表現

你 能 吃 辣 的 吗?　—— 能 吃 是 能 吃，但 太 辣 的 不 行。
Nǐ néng chī là de ma?　　　Néng chī shì néng chī, dàn tài là de bù xíng.
（あなたは辛いものを食べることができますか。）（食べられることは食べられますが、辛すぎるものはダメです。）

[トレーニング] 先生のあとについて発音し、□を［　］の中の語に置き換えて書いてみよう！

(1) 你　喜欢　吃　中国菜　吗?　──　喜欢　是　喜欢，但　太　[辣] 的　不　行。
　　 Nǐ xǐhuan chī Zhōngguócài ma?　　　Xǐhuan shì xǐhuan, dàn tài là de bù xíng.

　　　　　　　　　　　　　　　　　　　　　　　　　[油腻　yóunì（油っこい）]

簡 体 字：＿＿＿＿＿＿＿＿＿＿＿＿＿＿＿＿＿＿＿＿＿＿＿＿＿＿＿

ピンイン：＿＿＿＿＿＿＿＿＿＿＿＿＿＿＿＿＿＿＿＿＿＿＿＿＿＿＿

(2) [这　件　衣服]　漂亮　是　漂亮，　但　太　贵　了。
　　 Zhè jiàn yīfu piàoliang shì piàoliang, dàn tài guì le.

　　　　　　　　　　[这个 包　zhège bāo（このバッグ）]　（※"漂亮"：きれいだ、美しい）

簡 体 字：＿＿＿＿＿＿＿＿＿＿＿＿＿＿＿＿＿＿＿＿＿＿＿＿＿＿＿

ピンイン：＿＿＿＿＿＿＿＿＿＿＿＿＿＿＿＿＿＿＿＿＿＿＿＿＿＿＿

≪まとめ②≫　２つの否定の表現（"不 (bù)"と"没有 (méiyou)"）

		基本型	否定型	
			"不"	"没有"
			(動作や変化を伴わない 事柄の否定)	
(1)名詞述語文	①（第1課ポ①）	他**是**留学生。	他**不是**留学生。	——
(2)形容詞述語文	②（第3課ポ①）	我很**忙**。	我**不**忙。	——
(3)動詞述語文	③（第2課ポ①）	他**吃**面条。	他**不**吃面条。	——
	④（第9課ポ①）	我**喜欢**熊猫。	我**不**喜欢熊猫。	——
	⑤（第15課本文）	我**能**吃辣的。	我**不**能吃辣的。	——
	⑥（第12課ポ①）	他**会**说汉语。	他**不会**说汉语。	——
	⑦（　〃　）	他**会**来的。	他**不会**来的。	——
			(指定時点以降の 動作や変化の否定)	(指定時点およびそれ以前の 動作や変化の否定)
	⑧（第2課ポ①）	他**吃**面条。	他**不**吃面条。	他**没**(有)吃面条。
	⑨（第12課ポ②）	他**能**来。	他**不能**来。	他**没**(有)能来。
	⑩（　〃　）	他**能**游三公里。	——	他**没**(有)能游三公里。
	⑪（第4課ポ④-2）	他去**了**中国。	——	他**没**(有)去中国。
	⑫（第9課ポ③）	他去**过**美国。	——	他**没**(有)去过美国。
	⑬（第13課ポ②）	他**戴着**眼镜。	——	他**没**(有)戴着眼镜。
	⑭（第15課ポ①）	我看**懂**了。	——	我**没**(有)看懂。
	⑮（第7課ポ①）	他**有**电子词典。	——	他**没有**电子词典。

本文 **你们能吃辣的吗?**　(あなたたちは辛いものを食べることができますか。)
Nǐmen néng chī là de ma?

―映画を見た後で食事の相談をする―

林 ：今天 的 电影 你们 都 **看懂** 了 吗?
　　Jīntiān de diànyǐng nǐmen dōu kàndǒng le ma?

高桥：嗯, <u>基本上</u> **看懂** 了,
　　Ňg, jīběnshang kàndǒng le,

　　<u>不过</u> 有些 台词 没 **听懂**。
　　búguò yǒuxiē táicí méi tīngdǒng.

渡边：我 也 有 好多 没 **听懂**。
　　Wǒ yě yǒu hǎoduō méi tīngdǒng.

林 ：你们 都 饿 了 吧, 一起 去 吃饭 吧。
　　Nǐmen dōu è le ba, yìqǐ qù chīfàn ba.

孙 ：那 家 店 **看起来** 不错, 我们 **进去** 看看 吧。
　　Nà jiā diàn kànqilai búcuò, wǒmen jìnqu kànkan ba.

林 ：是 <u>川菜</u> <u>馆儿</u> 啊。你们 能 吃 辣 的 吗?
　　Shì Chuāncài guǎnr a. Nǐmen néng chī là de ma?

渡边：我 没 问题。
　　Wǒ méi wèntí.

高桥：我 呀, 能 吃 是 能 吃, <u>但是</u> 太 辣 的 <u>不行</u>。
　　Wǒ ya, néng chī shì néng chī, dànshì tài là de bù xíng.

孙 ：那 我们 还是 换 一 家 吧。
　　Nà wǒmen háishi huàn yì jiā ba.

【注】

基本上：基本的に
不过 接続詞 でも
　　　　　　　第10課ポ⑤-2
有些 指示代名詞 ある一部
　　　　　　　の
台词 名詞 セリフ

好多 数詞 たくさんの

饿 動詞 お腹が空く

家 量詞 商店の数え方

川菜 名詞 四川料理
馆儿 名詞 （サービス業
　　　　　　　の）店

问题 名詞 問題

但是 接続詞 ただし
　　　　　　　第10課ポ⑤-3
不行：だめである
还是 副詞 やはり
　　　　　　　第6課ポ③-2
换 動詞 換える

表現のポイントと〈トレーニング〉

♪C10

1 前置詞⑨“让 (ràng)”、“叫 (jiào)、“使 (shǐ)”　(使役の文型)
(A +“让／叫／使”+ B + V＝A ハ／ガ　B ニ　V サセル)

1. 爸爸 **让** 我 帮 他 洗 车。(容認使役)(➤ 第16課本文)
Bàba ràng wǒ bāng tā xǐ chē.
(父は私に車を洗うのを手伝わせます。)

2. 老师 **叫** 我们 写 一 篇 作文。(言いつけ使役)(➤ 第17課本文)
Lǎoshī jiào wǒmen xiě yì piān zuòwén.
(先生は私たちに作文を書かせます。)

3. 这个 消息 **使** 大家 很 高兴。(誘発使役)(このニュースはみんなを喜ばせました。)
Zhège xiāoxi shǐ dàjiā hěn gāoxìng.

♪C11

トレーニング 先生のあとについて発音し、□を [ ] の中の語に置き換えて書いてみよう！

(1) 爸爸 让 我 帮 他 洗 车。　　　　[妈妈　māma]
Bàba ràng wǒ bāng tā xǐ chē.

簡体字：

ピンイン：

(2) 老师 叫 我们 写 一 篇 作文。
Lǎoshī jiào wǒmen xiě yì piān zuòwén.

[复习 功课　fùxí gōngkè (授業の復習をする)]

簡体字：

ピンイン：

(3) 这个 消息 使 大家 很 高兴。　　[吃惊　chījīng (驚く)]
Zhège xiāoxi shǐ dàjiā hěn gāoxìng.

簡体字：

ピンイン：

♪C12

2 「“好 (hǎo)”＋動詞」の表現　(「V しやすい」が原義)

好吃	好喝	好看	好听	好做
hǎochī	hǎohē	hǎokàn	hǎotīng	hǎozuò
((食べて) おいしい)	((飲んで) おいしい)	(きれいだ)	(聴きやすい)	(やりやすい)

我 妈妈 包 的 饺子 很 **好吃**。(私の母が作るギョウザはとてもおいしいです。)
Wǒ māma bāo de jiǎozi hěn hǎochī.

♪C13

トレーニング　先生のあとについて発音し、□を〔　〕の中の語に置き換えて書いてみよう！

(1)　我　妈妈　包　的　饺子　很　好吃。　　　　　　　　　〔好看　hǎokàn〕
　　Wǒ　māma　bāo　de　jiǎozi　hěn　hǎochī.

簡体字：

ピンイン：

♪C14

③　疑問詞（"几 (jǐ)"、"什么 (shénme)"、"哪儿 (nǎr)"など）の不定代名詞の用法
　　（"几"：いくつか、"什么"：何か、"哪儿"：どこか）

1.　教室里　有　几个　　学生。　（教室の中には何人か学生がいます。）
　　Jiàoshìli　yǒu　jǐge　xuésheng.

2.　你　想　吃　什么，　就　吃　什么。　（あなたは食べたいものを食べていいです。）
　　Nǐ　xiǎng　chī　shénme，　jiù　chī　shénme.
　　　　　　　　　　　　　　　　　　　　　　　　　　➤ 第16課本文）

3.　今年　暑假　你　打算　去　哪儿　旅游　吗?
　　Jīnnián　shǔjià　nǐ　dǎsuan　qù　nǎr　lǚyóu　ma?
　　（今年の夏休みにあなたはどこかへ旅行に行きますか。）

　　——　　现在　还　没有　什么　计划。
　　　　　　Xiànzài　hái　méiyou　shénme　jìhuà.
　　　　　（今はまだ何の計画もありません。）

♪C15

トレーニング　先生のあとについて発音し、□を〔　〕の中の語に置き換えて書いてみよう！

(1)　　操场上　　有　几个　学生。　　　　　　　　　　　　〔孩子　háizi〕
　　　Cāochǎngshang　yǒu　jǐge　xuésheng.
　　　　　　　　　　　　　　　　　　　　　　　　　　　　　（※"操场"：グラウンド）

簡体字：

ピンイン：

(2)　你　想　吃　什么，　就　吃　什么。　　　　　　　〔做　zuò（する、やる）〕
　　Nǐ　xiǎng　chī　shénme，　jiù　chī　shénme.

簡体字：

ピンイン：

(3)　今年　暑假　你　打算　去　哪儿　旅游　吗?　　　〔寒假　hánjià（冬休み）〕
　　Jīnnián　shǔjià　nǐ　dǎsuan　qù　nǎr　lǚyóu　ma?

　　——　　现在　还　没有　什么　计划。
　　　　　　Xiànzài　hái　méiyou　shénme　jìhuà.

簡体字：

ピンイン：

♪C16

♪C16

4 極端さの表現 （疑問詞＋"也"／"都"〜）

1． 这 家 饭馆儿 **什么 菜 都** 好吃。 （このレストランはどんな料理も全部おいし
   Zhè jiā fànguǎnr shénme cài dōu hǎochī. いです。）（➤ 第 16 課本文）

2． 那个 问题 很 简单，**谁 都** 能 回答。 （あの問題は簡単で、誰でも答えるこ
   Nàge wèntí hěn jiǎndān, shéi dōu néng huídá. とができます。）

3． 今天 我 很 累，**哪儿 都** 不 想 去。 （今日私はとても疲れているので、ど
   Jīntiān wǒ hěn lèi, nǎr dōu bù xiǎng qù. こへも行きたくありません。）

♪C17

|トレーニング| 先生のあとについて発音し、□を ［ ］の中の語に置き換えて書いてみよう！

(1) 这 家 |饭馆儿| 什么 菜 都 好吃。 ［餐厅 cāntīng （レストラン）］
    Zhè jiā fànguǎnr shénme cài dōu hǎochī.

簡体字：_____

ピンイン：_____

(2) 这个 问题 |很 简单|，谁 都 能 回答。 ［不 难 bù nán］
    Zhège wèntí hěn jiǎndān, shéi dōu néng huídá. （※"难"：難しい）

簡体字：_____

ピンイン：_____

(3) 今天 我 |很 累|，哪儿 都 不 想 去。
    Jīntiān wǒ hěn lèi, nǎr dōu bù xiǎng qù.
    ［有点儿 不 舒服 yǒudiǎnr bù shūfu］ （※"舒服"：気持ち（気分）が良い）

簡体字：_____

ピンイン：_____

♪C18

5 "来 (lái)"の用法 （品詞の兼務⑩ -1. 動詞、2. 方向補語、3. 代動詞、4. "来" ＋ V）

1．動詞 ：（第 4 課ポイント②➤）他 来 日本 旅游。（彼は日本に旅行に来ます。）
   Tā lái Rìběn lǚyóu.

2．方向補語：（第 15 課ポイント②➤）他 进来 了。／ 他 跑上来 了。
   Tā jìnlai le. Tā pǎoshanglai le.
   （彼は入ってきました。）（彼は駆け上ってきました。）

3．代動詞 ：（第 16 課本文➤）来 一个 北京 烤鸭。（北京ダックをお願いし
   Lái yíge Běijīng kǎoyā. ます。（注文する））

4．"来"＋V：（第 16 課本文➤）我 来 唱 一首。／ 你 来 唱 一首 吧。
   （話し手や聞き手の積極性） Wǒ lái chàng yì shǒu. Nǐ lái chàng yì shǒu ba.
   （私が一曲歌います。）（あなたが一曲歌って下さい。）

本文 **什么菜都有。**（どんな料理もすべてあります。）
Shénme cài dōu yǒu.

―料理を注文する―

服务员：<u>欢迎　　光临</u>!
　　　　Huānyíng guānglín!

林　　：这 家 店 我 和 国伟 来过，<u>种类</u> 很 多，**什么**
　　　　Zhè jiā diàn wǒ hé Guówěi láiguo, zhǒnglèi hěn duō, shénme

　　　　菜 都 有。<u>而且</u> 都 <u>挺</u> **好吃** 的。
　　　　cài dōu yǒu. Érqiě dōu tǐng hǎochī de.

孙　　：健太、 静香， 你们 **来** 点菜 吧。
　　　　Jiàntài、Jìngxiāng, nǐmen lái diǎncài ba.

渡边　：**让** 我们 点?
　　　　Ràng wǒmen diǎn?

孙　　：对! 你们 想 吃 **什么** 就 点 **什么**， 今天 我
　　　　Duì! Nǐmen xiǎng chī shénme jiù diǎn shénme, jīntiān wǒ

　　　　<u>请客</u>。
　　　　qǐngkè.

渡边　：<u>服务员</u>， 点菜。 **来** 一个 <u>北京　烤鸭</u>。
　　　　Fúwùyuán, diǎncài. Lái yíge Běijīng kǎoyā.

服务员：<u>对不起</u>， 我们 这儿 没有 北京 烤鸭。
　　　　Duìbuqǐ, wǒmen zhèr méiyou Běijīng kǎoyā.

高桥　：那 就 **来** 一个 <u>葱 爆 羊肉</u> 吧，
　　　　Nà jiù lái yíge cōng bào yángròu ba,

　　　　<u>再</u> **来** <u>一 份</u> <u>西红柿 炒 鸡蛋</u>、 一 份 <u>韭菜 鸡蛋</u>
　　　　zài lái yí fèn xīhóngshì chǎo jīdàn、 yí fèn jiǔcài jīdàn

　　　　<u>馅儿饼</u>， 怎么样?
　　　　xiànrbǐng, zěnmeyàng?

渡边　：好，<u>先</u> 点 这 **几个** 菜，不 <u>够</u> <u>再</u> 点 吧。
　　　　Hǎo, xiān diǎn zhè jǐge cài, bú gòu zài diǎn ba.

【注】

欢迎光临：（お店で）いらっ
　　　　しゃいませ
　　　　第8課ポ③

种类 名詞 種類
而且 接続詞 且つ、その
　　　上

挺 副詞 なかなか
的 語気助詞 断定の語気
　　　第18課ポ①-2

点菜 動詞 料理を注文す
　　　る

请客 動詞 ごちそうする
　　　第12課ポ⑤-2
　　　第14課ポ⑤

服务员 名詞 従業員
北京烤鸭 名詞 北京ダッ
　　　ク

对不起：すみません（あや
　　　まる表現）

葱爆羊肉 名詞 ネギと羊
　　　肉の炒め料理

再 副詞 さらに
一份：一人前
西红柿炒鸡蛋 名詞 トマ
　　　トと卵の炒め物
韭菜鸡蛋馅儿饼 名詞 ニ
　　　ラと卵のクレープ状
　　　のもの
先～，再…：先に～、それ
　　　から…
够 形容詞 十分である、
　　　足りる

表現のポイントと 〈トレーニング〉

C20

1 "给 (gěi)"の用法 （品詞の兼務⑪ –1. 動詞、2. 前置詞⑩、3. 補語⑤）

1．動詞：(A ＋ "给" ＋ B ＋ N ＝ A ガ B ニ N ヲ　与える)

　　我　给了　她　一　本　书。（私は彼女に一冊本をあげました。）
　　Wǒ　gěile　tā　yì　běn　shū.

2．前置詞⑩：(A ＋ "给" ＋ B ＋ V （＋ O） ＝ A ガ B ニ （O ヲ） V スル) （➤ 第 17 課本文）

　　回国　后，我　给　你　写　信。（帰国後、私はあなたに手紙を書きます。）
　　Huíguó　hòu，wǒ　gěi　nǐ　xiě　xìn.

3．補語⑤：(A ＋ V "给" ＋ B （＋ O)：A ガ B ニ （＋ O ヲ） V スル) （➤ 第 17 課本文）

　　这　本　书　你　交给　她　吧。（この本を彼女に渡してください。）
　　Zhè　běn　shū　nǐ　jiāogěi　tā　ba.

C21

トレーニング　先生のあとについて発音し、□□を [ ] の中の語に置き換えて書いてみよう！

(1)　昨天　是　她　的　生日，我　给了　她　一　本　书。 [一个 礼物　yíge lǐwù]
　　Zuótiān　shì　tā　de　shēngrì, wǒ　gěile　tā　yì　běn　shū. （※ "礼物"：プレゼント）

简 体 字：＿＿＿＿＿＿＿＿＿＿＿＿＿＿＿＿＿＿＿＿＿＿＿＿＿＿＿＿＿＿＿

ピンイン：＿＿＿＿＿＿＿＿＿＿＿＿＿＿＿＿＿＿＿＿＿＿＿＿＿＿＿＿＿＿＿

(2)　回国　后，我　给　你　写　信。 [打 电话　dǎ diànhuà （電話を掛ける)]
　　Huíguó　hòu，wǒ　gěi　nǐ　xiě　xìn.

简 体 字：＿＿＿＿＿＿＿＿＿＿＿＿＿＿＿＿＿＿＿＿＿＿＿＿＿＿＿＿＿＿＿

ピンイン：＿＿＿＿＿＿＿＿＿＿＿＿＿＿＿＿＿＿＿＿＿＿＿＿＿＿＿＿＿＿＿

(3)　这　本　书　你　交给　她　吧。 [还给　huángěi]
　　Zhè　běn　shū　nǐ　jiāogěi　tā　ba. （※ "还"：返す）

简 体 字：＿＿＿＿＿＿＿＿＿＿＿＿＿＿＿＿＿＿＿＿＿＿＿＿＿＿＿＿＿＿＿

ピンイン：＿＿＿＿＿＿＿＿＿＿＿＿＿＿＿＿＿＿＿＿＿＿＿＿＿＿＿＿＿＿＿

♪ C22

2 補語⑥ – 可能補語 （（したいと願望して）できる／できない）

(第15課ポイント1参照)

1．肯定型 → V＋得＋補語： 吃得完　听得懂　买得到　看得见　学得好　喝得了
　　　　　　　　　　　　　chīdewán　tīngdedǒng　mǎidedào　kàndejiàn　xuédehǎo　hēdeliǎo

2．否定型 → V＋不＋補語： 吃不完　听不懂　买不到　看不见　学不好　喝不了
　　　　　　　　　　　　　chībuwán　tīngbudǒng　mǎibudào　kànbujiàn　xuébuhǎo　hēbuliǎo

---

他　说　的　　中文，你　听得懂　吗？　—— 听得懂。／　听不懂。
Tā　shuō　de　Zhōngwén, nǐ　tīngdedǒng　ma?　　　Tīngdedǒng.　Tīngbudǒng.

他　说　的　　中文，你　听得懂　听不懂？ —— 听得懂。／　听不懂。
Tā　shuō　de　Zhōngwén, nǐ　tīngdedǒng　tīngbudǒng?　Tīngdedǒng.　Tīngbudǒng.

（彼の話す中国語はあなたは聴いて分かりますか。）　　（分かります。）（分かりません。）

♪ C23

トレーニング　先生のあとについて発音し、□を ［　］ の中の語に置き換えて書いてみよう！

(1)　你　听得懂　吗？ —— 听不懂。　　［看得懂　kàndedǒng、看不懂　kànbudǒng］
　　Nǐ　tīngdedǒng　ma?　　Tīngbudǒng.

簡 体 字： ....

ピンイン： ....

(2)　那　本　书　你　买得到　吗？ —— 买不到。
　　Nà　běn　shū　nǐ　mǎidedào　ma?　　Mǎibudào.
　　　［找得到 zhǎodedào （見つけることができる）、找不到 zhǎobudào （見つけることができない）］

簡 体 字： ....

ピンイン： ....

♪ C24

3 副詞⑨“不要 (bú yào)”、“别 (bié)” （禁止の表現）

1．你　不　要　客气。（遠慮しないで。）
　　Nǐ　bú　yào　kèqi.

2．你　别　客气。（遠慮しないで。）（➤ 第17課本文）
　　Nǐ　bié　kèqi.

♪ C25

トレーニング　先生のあとについて発音し、□を ［　］ の中の語に置き換えて書いてみよう！

(1)　别　客气。　　　　　　　　　　　　　　　　［担心　dānxīn（心配する）］
　　Bié　kèqi.

簡 体 字： ....

ピンイン： ....

4　前置詞⑪"把 (bǎ)"（"把"＋ N ＋ V：NヲVスル）

请　把　窗户　打开。（窓を開けてください。）
Qǐng　bǎ　chuānghu　dǎkāi.

トレーニング　先生のあとについて発音し、□□を［　］の中の語に置き換えて書いてみよう！

(1)　请　把　窗户　打开。　　　　　　　　　　　　［关上　guānshang（閉める）］
　　　Qǐng　bǎ　chuānghu　dǎkāi.

簡 体 字 :

ピンイン :

(2)　我　把　今天　的　工作　做完　了。　　　　　　　　　　［作业　zuòyè］
　　　Wǒ　bǎ　jīntiān　de　gōngzuò　zuòwán　le.

簡 体 字 :

ピンイン :

5　副詞⑩"先 (xiān)"

1．"先 (xiān)〜，再 (zài)…"（▶ 第 6、11、16 課本文）
　　我们　先　出发，到了　北海公园　附近　再　吃　吧。
　　Wǒmen　xiān　chūfā, dàole Běihǎi-gōngyuán　fùjìn　zài　chī　ba.
　　（私たちはまず出発して、北海公園の近くに着いてから食べましょう。）

　　你　先　试试，再　考虑　买　不　买　吧。
　　Nǐ　xiān　shìshi, zài　kǎolǜ　mǎi　bu　mǎi　ba.
　　（まず試してみて、それから買うか買わないか考えてみましょう。）

2．"先 (xiān)〜，然后 (ránhòu)…"（▶ 第 17 課本文）
　　我们　先　去　买　礼物，然后　去　她　家　吧。
　　Wǒmen　xiān　qù　mǎi　lǐwù,　ránhòu　qù　tā　jiā　ba.
　　（私たちはまずプレゼントを買いに行き、その後で彼女の家に行きましょう。）

トレーニング　先生のあとについて発音し、□□を［　］の中の語に置き換えて書いてみよう！

(1)　我们　先　去　买　礼物，然后　去　她　家　吧。
　　　Wǒmen　xiān　qù　mǎi　lǐwù,　ránhòu　qù　tā　jiā　ba.

　　　　　　　　　　　　　　　　　［做　作业　zuò zuòyè、玩儿　wánr］

簡 体 字 :

ピンイン :

♪ C30 **她叫我们明天去她家玩儿。**（彼女は私たちを明日彼女の家に遊びに行かせます。）
Tā jiào wǒmen míngtiān qù tā jiā wánr.

―林紅さんの誕生日について相談する―

渡边：明天　是　林　红　姐　的　生日，刚才　她　**给**　我　打
　　　Míngtiān shì Lín Hóng jiě de shēngrì, gāngcái tā gěi wǒ dǎ

　　　电话，叫　我们　明天　去　她　家　玩儿。
　　　diànhuà, jiào wǒmen míngtiān qù tā jiā wánr.

高桥：太　好　了!　但　我们　不　知道　她　家　在　哪儿。
　　　Tài hǎo le! Dàn wǒmen bù zhīdào tā jiā zài nǎr.

渡边：放心　吧!　林　红　姐　已经　**把**　地址　发**给**　我　了。
　　　Fàngxīn ba! Lín Hóng jiě yǐjing bǎ dìzhǐ fāgěi wǒ le.

高桥：我们　几个　都　是　路痴，能　**找得到**　她　家　吗?
　　　Wǒmen jǐge dōu shì lùchī, néng zhǎodedào tā jiā ma?

孙　：跟着　手机　导航　走　吧!
　　　Gēnzhe shǒujī dǎoháng zǒu ba!

高桥：我们　得　**给**　她　买　什么　礼物　呢?
　　　Wǒmen děi gěi tā mǎi shénme lǐwù ne?

孙　：买　束　花儿，再　买　一个　大大　的　生日　蛋糕，怎么样?
　　　Mǎi shù huār, zài mǎi yíge dàdà de shēngrì dàngāo, zěnmeyàng?

渡边：好　啊。那　我们　明天　早　点儿　出发，**先**　去　买
　　　Hǎo a. Nà wǒmen míngtiān zǎo diǎnr chūfā, xiān qù mǎi

　　　礼物，**然后**　再　去　林　红　姐　家　吧。
　　　lǐwù, ránhòu zài qù Lín Hóng jiě jiā ba.

孙　：买　礼物　的　事儿　你们　**别**　担心，我　在　网上　订购
　　　Mǎi lǐwù de shìr nǐmen bié dānxīn, wǒ zài wǎngshang dìnggòu

　　　吧。
　　　ba.

高桥：那　太　好　了!
　　　Nà tài hǎo le!

【注】

刚才 副詞 先ほど

叫 前置詞 使役（させる）
　第16課ポ1-2

但 接続詞 ただし
　第10課ポ5-3

放心 動詞 安心する
地址 名詞 住所
发 動詞 （メールなどを）
　　送る
路痴 名詞 方向音痴
能 助動詞 条件可能
　第12課ポ2-2
跟着：～に従う
手机 名詞 スマホ
导航 名詞 ナビ
得 助動詞 しなければな
　　らない
　第14課ポ3
束 量詞 束ねたものを数
　　える
花儿 名詞 花
蛋糕 名詞 ケーキ
早点儿：早めに

事儿 名詞 事
网 名詞 インターネット
订购 動詞 注文する

━━━━━━━━━━ 表現のポイントと〈トレーニング〉 ━━━━━━━━━━

♪C31 1 **語気助詞⑥"的 (de)"**（対事的語気助詞(2)―特定のある1回のコトガラに対する断定の語気）

> **1. 過去のこと**：すでに実現している特定のある1回のコトガラについて、付帯状況（時・
> 場所・方法など）を断定。（➤ 第18課本文）
>
> 　我们　（是）骑　车　来　的。(私たちは自転車で来ました。)
> 　Wǒmen （shì） qí　chē　lái　de.
>
> **2. 現在のこと**：現在の特定のある1回のコトガラについての断定（➤ 第14課本文）
>
> 　你们　都　学习　汉语　吗?　　── 是　的,　women　都　学习　汉语。
> 　Nǐmen dōu xuéxí Hànyǔ ma?　　　　Shì de, women　dōu xuéxí Hànyǔ.
> 　(あなたたちは全員中国語を勉強していますか。)(そうです。私たちは全員中国語を勉強しています。)
>
> **3. 未来のこと**：未来の特定のある1回のコトガラの実現を断定
>
> 　　他　一定　会　来　的。(彼はきっと来ます。)
> 　　Tā yídìng huì lái de.

♪C32 トレーニング　先生のあとについて発音し、□を［ ］の中の語に置き換えて書いてみよう!

(1)　他　是　什么　时候　来　日本　的?　── 去年　来　的。(※"什么时候"：いつ)
　　Tā shì shénme shíhou lái Rìběn de?　　　 Qùnián lái　de.

　　　　　　　　　　　　　　　　　　　　［怎么　zěnme（どうやって）、坐 飞机　zuò fēijī］

簡 体 字 : _____

ピンイン : _____

(2)　她　一定　会　来　的。　　　　　　　　　　　　［参加　cānjiā（参加する）］
　　Tā yídìng huì lái de.

簡 体 字 : _____

ピンイン : _____

♪C33 2 **前置詞⑫"被 (bèi)"、"让 (ràng)"、"叫 (jiào)"**（受け身の文型）
　　　　（A ＋"被"／"让"／"叫"＋ B ＋ V：A ハ／ガ　B ニ　V サレル）

> **1. 他　被　老师　说　了。**（➤ 第18課本文）(彼は先生に叱られました。)
> 　Tā bèi lǎoshī shuō le.
>
> **2. 我　的　自行车　叫　人　骑走　了。**(私の自転車が誰かに乗って行かれてしまいました。)
> 　Wǒ de zìxíngchē jiào rén qízǒu le.
>
> **3. 小王　让　车　撞　了。**(王さんが車にはねられました。)
> 　Xiǎo-Wáng ràng chē zhuàng le.

♪ C34

トレーニング 先生のあとについて発音し、□を［ ］の中の語に置き換えて書いてみよう！

(1) 小李　被　老师　说　了。　　　　　　　　　　［表扬　biǎoyáng （ほめる）］
　　 Xiǎo-Lǐ　bèi　lǎoshī　shuō　le.

簡体字： _____

ピンイン： _____

(2) 我　妹妹　的　自行车　叫　人　骑走　了。　　［摩托车 mótuōchē （バイク）］
　　 Wǒ　mèimei　de　zìxíngchē　jiào　rén　qízǒu　le.

簡体字： _____

ピンイン： _____

♪ C35

3 構造助詞③ "地 (de)" ＝連用修飾　（形容詞＋"地"＋動詞）

> 他们　　总是　　热情　地　　帮助　　我们。（彼らはいつも私たちを熱心に助けてくれます。）
> Tāmen　zǒngshì　rèqíng　de　bāngzhù　wǒmen.
>
> 她　高兴　地　回家　了。（彼女はうれしそうに家に帰りました。）
> Tā　gāoxìng　de　huíjiā　le.

♪ C36

トレーニング 先生のあとについて発音し、□を［ ］の中の語に置き換えて書いてみよう！

(1) 她　　总是　　热情　地　　帮助　我们。　　　［亲切　qīnqiè （心を込めて）、教　jiāo］
　　 Tā　zǒngshì　rèqíng　de　bāngzhù　wǒmen.

簡体字： _____

ピンイン： _____

♪ C37

4 指示詞④ 「"这么 (zhème)"／"那么 (nàme)"＋形容詞」

話し手から近い	話し手から遠い
这么 zhème	那么 nàme
こんなに　（そんなに）	あんなに

> 1. 今天　这儿　怎么　这么　热闹?　（今日ここはどうしてこんなに賑やかなのですか。）
>   Jīntiān　zhèr　zěnme　zhème　rènao?
>
> 2. 昨天　他　为　什么　那么　高兴?
>   Zuótiān　tā　wèi　shénme　nàme　gāoxìng?
>   （昨日彼はどうしてあんなにうれしそうだったのですか。）

♪ C38

トレーニング 先生のあとについて発音し、□を ［ ］ の中の語に置き換えて書いてみよう！

(1) 今天　这儿　怎么　这么　热闹？
Jīntiān zhèr zěnme zhème rènao?

［安静　ānjìng（静か）］

簡 体 字：

ピンイン：

(2) 昨天　他　为　什么　那么　高兴？
Zuótiān tā wèi shénme nàme gāoxìng?

［不 高兴　bù gāoxìng］

簡 体 字：

ピンイン：

♪ C39

5 補語⑦ – 程度補語＝高い程度を表す　（形容詞＋"极了"／"得很"／"得多"）

1．最近　我　忙　极了。（最近私はものすごく忙しいです。）（➤ 第18課本文）
Zuìjìn wǒ máng jíle.

2．他　高兴得　很。（彼はすごくうれしそうです。）
Tā gāoxìngde hěn.

3．他　比　我　高得　多。（彼は私よりずっと背が高い。）
Tā bǐ wǒ gāode duō.

♪ C40

トレーニング 先生のあとについて発音し、□を ［ ］ の中の語に置き換えて書いてみよう！

(1) 最近　我　忙　极了。
Zuìjìn wǒ máng jíle.

［日本　Rìběn、热　rè（暑い）］

簡 体 字：

ピンイン：

♪ C41

6 自然現象の表現

下 雨	下 雪	打 雷	刮 风	开 花
xià yǔ	xià xuě	dǎ léi	guā fēng	kāi huā
（雨が降る）	（雪が降る）	（雷が鳴る）	（風が吹く）	（花が咲く）

1．外面　下 雨　了。（外は雨です。）（➤ 第18課本文）
Wàimian xià yǔ le.

※雨　停　了。（雨が止みました。）
Yǔ tíng le.

2．外面　刮着　大风。（外は大風が吹いています。）
Wàimian guāzhe dàfēng.

本文 **祝您生日快乐!** （お誕生日おめでとうございます！）
Zhù nín shēngrì kuàilè!

（门铃声　　响）
(ménlíngshēng xiǎng)

林　　：你们　终于　来　了! 外面　**下 雨 了**，快　进来!
　　　　Nǐmen zhōngyú lái le! Wàimian xià yǔ le, kuài jìnlai!

渡边　：我们　**是** 骑 车 来 **的**，多　花了　点儿　时间。
　　　　Wǒmen shì qí chē lái de, duō huāle diǎnr shíjiān.

林红妈：欢迎　　你们! 都 十 一 点 多 了，快　坐下　吃饭
　　　　Huānyíng nǐmen! Dōu shíyī diǎn duō le, kuài zuòxia chīfàn

　　　　吧!
　　　　ba!

（大家　坐下　以后）
(dàjiā zuòxia yǐhòu)

大家　：祝　你　生日　快乐!
　　　　Zhù nǐ shēngrì kuàilè!

林　　：谢谢　大家! 来，　尝尝　我 妈 包 的 水饺。
　　　　Xièxie dàjiā! Lái, chángchang wǒ mā bāo de shuǐjiǎo.

渡边　：我 第 一 次 吃到 这么 好吃 的 水饺。 真 是
　　　　Wǒ dì yī cì chīdào zhème hǎochī de shuǐjiǎo. Zhēn shì

　　　　好吃 **极了**!
　　　　hǎochī jíle!

林红妈：我 也 第 一 次 **被** 别人 **这么** 夸 呢! 你们 多 吃
　　　　Wǒ yě dì yī cì bèi biérén zhème kuā ne! Nǐmen duō chī

　　　　点儿!
　　　　diǎnr!

高桥　：我 和 渡边 想 借 这个 机会，向 林 红 姐 和
　　　　Wǒ hé Dùbiān xiǎng jiè zhège jīhuì, xiàng Lín Hóng jiě hé

　　　　大 伟 说 声 谢谢!
　　　　Dà Wěi shuō shēng xièxie!

渡边　：在 我们 遇到 困难 的 时候，你们　总是　**那么** 热情
　　　　Zài wǒmen yùdào kùnnan de shíhou, nǐmen zǒngshì nàme rèqíng

　　　　地 帮助 我们。
　　　　de bāngzhù wǒmen.

林　　：来，大家 干 一 杯! 为 我们 的 友谊 干杯!
　　　　Lái, dàjiā gàn yì bēi! Wèi wǒmen de yǒuyì gānbēi!

　　　　愿 我们 的 友谊 天长地久!
　　　　Yuàn wǒmen de yǒuyì tiānchángdìjiǔ!

【注】
门铃声 名詞 玄関の呼び
　　　　　鈴の音
响 動詞 鳴り響く
终于 副詞 ついに
快 副詞 速く
花 動詞 使う、費やす
(一)点儿 動量詞
　　第11課ポ③-3
都 副詞 すでに
坐下 方向補語 座る
　　第15課ポ②-1

～以后：～の後

祝 動詞 祝う
快乐 形容詞 楽しい

来：さあさあ
　　第16課ポ⑤-4
包饺子：ギョウザを作る
水饺 名詞 水ギョウザ
第一次：第1回目、初めて

别人 名詞 他人
夸 動詞 ほめる

借 動詞 借りる
机会 名詞 機会
向 前置詞 ～に(向かっ
　　　　　て)
声 量詞 音に出す回数
在～的时候：～の時
遇到 動詞 出会う
困难 名詞 困難

干杯 動詞 乾杯する
干一杯：第12課ポ⑤-2
为 前置詞 ～のために
友谊 名詞 友情、友好
愿 動詞 願う
天长地久 四字句 天地の
　　ように長く変わらない

補　充

① 指示詞 (这、那、哪) のまとめ

			"这"系	"那"系	"哪"系	
事物	連体修飾語		这个 zhège この（その）	那个 nàge （その）あの	哪个 nǎge	どの
	代名詞	主題	这（个）zhè(ge) これ（それ）	那（个）nà(ge) （それ）あれ		どれ
		その他	这个 zhège これ（それ）	那个 nàge （それ）あれ		
場所	代名詞		这儿 zhèr, 这里 zhèli ここ（そこ）	那儿 nàr, 那里 nàli （そこ）あそこ	哪儿 nǎr, 哪里 nǎli どこ	
方角	代名詞		这边 zhèbian こちら（そちら）	那边 nàbian （そちら）あちら	哪边 nǎbian どちら	
状態	代名詞		这样 zhèyàng このようだ （そのようだ）	那样 nàyàng （そのようだ） あのようだ	哪样 nǎyàng どのようか	
	連用修飾語		このように （そのように）	（そのように） あのように	どのように	
程度	連用修飾語		这么 zhème こんなに （そんなに）	那么 nàme （そんなに） あんなに	———	

② 疑問詞のまとめ

1. 谁(shéi) ………………………………………… だれ
2. 什么(shénme) …………………………………… なに
   什么时候(shénme shíhou) ……………………… いつ
   什么地方(shénme dìfang) ……………………… どこ
   为什么(wèi shénme) …………………………… なぜ
3. 哪(nǎ) …………………………………………… どの、どれ
   哪儿(nǎr)、哪里(nǎli) ………………………… どこ
4. 怎么(zěnme) …………………………………… どう
   怎么样(zěnmeyàng) …………………………… どのよう
5. 几(jǐ) …………………… （10前後の数を予想して）いくつ
6. 多少(duōshao) ………………………………… いくつ、どれだけ

③ 補語のまとめ

1．結果補語（第 15 課ポ①）　　　　　吃**完**（食べ終わる）、听**懂**（聴いて分かる）

2．方向補語（第 15 課ポ②）

    2-1　単純方向補語　　　　　　进**去**（入って行く）、贴**上**（貼る）

    2-2　複合方向補語　　　　　　跑**上来**（駆け上がって来る）、看**起来**（見たところ）

3．程度補語（第 18 課ポ⑤）　　　　　忙**极了**（すごく忙しい）

4．"得"補語

    4-1　様態補語（第 12 課ポ③）　唱**得很好**（歌うのが上手だ）

                                  唱**得不好**（歌うのが下手だ）

    4-2　可能補語（第 17 課ポ②）　找**得到**（見つけることができる）

                                    找**不到**（見つけることができない）

    4-3　程度補語（第 18 課ポ⑤）　高兴**得很**（すごくうれしい）

                                    好吃**得多**（すごくおいしい）

1．本書の第1課以降に収録の語彙と語句をピンイン順に配列する。
2．数字は課と参照箇所を示す。
3．四角で囲んだ数字は、その課の「表現のポイント」の番号を示す。
4．「トレ」は「トレーニング」を指す。
5．「語句」は、【語句1】～【語句11】の項目を示す。

jiànmiàn	见面	1	本文
jiāo	教	3	②
jiāo	交	17	①
jiǎo	角(通貨単位)	11	語句9
jiǎozi	饺子	2	①
jiào	叫(動詞)	1	④
jiào	叫(使役)	16	①
jiào	叫(受け身)	18	②
jiàoshì	教室	8	①トレ
jiě	姐	4	本文
jiějie	姐姐	3	語句4
jiěmèi	姐妹	7	①トレ
jiè	借	18	本文
jīnnián	今年	5	語句5
jīntiān	今天	3	①トレ
jīntiān	今天	5	語句5
jìn	近	13	④
jìn	进(方向補語)	15	②
jìnzhǐ	禁止	11	④トレ
Jīngjù	京剧	12	①
jīngjìxué	经济学	2	①トレ
jīngyíngxué	经营学	2	①トレ
jiǔ	九	2	語句2
jiù	就	9	④

K

kāfēi	咖啡	4	②
kǎlā'ōukèi	卡拉OK	9	②トレ
kǎpiàn	卡片	3	語句3
kāi	开	12	②
kāi huā	开花	18	⑥
kāishǐ	开始	10	②トレ
kàn shū	看书	4	③トレ
kǎolù	考虑	11	本文
Kěkǒukělè	可口可乐	9	語句7
kěshi	可是	10	⑤
kěyi	可以	11	④
kè	刻(時刻)	6	①
kèběn	课本	1	②
kèqi	客气	17	③
kòngr	空儿	14	本文
kǒu	口	3	語句3
kuài	块(通貨単位)	11	語句9
kuài	快	18	本文
kuàilè	快乐	3	①トレ
kuài...le	快…了	6	本文
kuàizi	筷子	3	語句3
kùnnan	困难	18	本文

L

là	辣	15	③
lái	来	16	⑤
lǎolao	姥姥	3	語句4
lǎoshī	老师	1	②
lǎoye	姥爷	3	語句4
le	了	4	④
lèi	累	15	②トレ
lěng	冷	3	①トレ
lí	离	13	④
lǐbianr	里边儿	13	語句11
lǐmian	里面	13	語句11
lǐwù	礼物	17	①トレ
lìshǐ	历史	1	②
liǎ	俩	8	本文
liǎng	两	2	語句2
liáo	聊	7	④
Lín	林(姓)	2	本文
líng	零	2	語句2
liúxuéshēng	留学生	1	①
liù	六	2	語句2
Lǔ Xùn	鲁迅	3	②
lùchī	路痴	17	本文
lǚyóu	旅游	9	①トレ
Lúndūn	伦敦	9	語句7

M

māma	妈妈	3	語句4
ma	吗	1	①
mǎi	买	6	②
Màidāngláo	麦当劳	9	語句7
máng	忙	3	③トレ
máo	毛(通貨単位)	11	語句9
máoyī	毛衣	13	②
méiyou	没有	7	①
Měiguó	美国	5	③トレ
Měiguórén	美国人	3	③
Měiyuán	美元	11	語句9
měinián	每年	5	語句5
měitiān	每天	5	語句5
mèimei	妹妹	3	語句4
ménlíngshēng	门铃声	18	本文
mǐ	米	7	④
miàntiáo	面条	2	②
míngnián	明年	5	語句5
míngtiān	明天	5	語句5
míngzi	名字	2	④
mótuōchē	摩托车	6	②トレ
mòjìng	墨镜	13	②トレ
mǔqin	母亲	3	語句4

N

nǎ	哪	1	③
nǎge(něige)	哪个	2	③
nǎli	哪里	4	③
nǎli nǎli	哪里哪里	4	本文
nǎr	哪儿	4	③
nà	那(指示詞)	1	③
nà	那(接続詞)	7	本文
nàge(nèige)	那个	2	③
nàli	那里	4	③
nàme	那么	18	④
nàr	那儿	4	③
nǎinai	奶奶	3	語句4
nán	难	4	①
nánbianr	南边儿	13	語句11
nánmian	南面	13	語句11
ne	呢	7	④
néng	能	12	②
nǐ	你	1	語句1
nǐmen	你们	1	語句1
nián	年	5	語句5
niánjí	年级	2	②
nín	您	1	語句1
Niǔyuē	纽约	9	語句7
nǚháir	女孩儿	13	③

O

ō	噢	10	本文
Ōuyuán	欧元	11	語句9

P

páiqiú	排球	10	④トレ
pángbiānr	旁边儿	13	語句11
pǎo	跑	13	②トレ
péngyou	朋友	1	③トレ

Wáng	王(姓)	1	本文
wǎng	往	13	④
wǎng	网	17	本文
wěidà	伟大	3	⑤
wèi	位	3	語句3
wèi	为	18	本文
wèi shénme	为什么	18	④トレ
wénxué	文学	2	④
wèn	问	13	本文
wèntí	问题	15	本文
wǒ	我	1	語句1
wǒmen	我们	1	語句1
wǔ	五	2	語句2
wǔfàn	午饭	6	本文

—————— X ——————

Xī'ān	西安	9	③
xībianr	西边儿	13	語句11
xīmian	西面	13	語句11
xǐ	洗	16	①
xǐhuan	喜欢	9	①
xì	系	7	②トレ
xià	下(方向補語)	15	②
xiàbianr	下边儿	13	語句11
xià cì	下次	9	語句6
xià(ge) xīngqī	下(个)星期	9	語句6
xià(ge) xīngqī sān	下(个)星期三	9	語句6
xiàge yuè	下个月	9	語句6
xiàge zhōumò	下个周末	9	語句6
xiàmian	下面	13	語句11
xiàwǔ	下午	5	語句5
xià xuě	下雪	18	⑥
xià yǔ	下雨	18	⑥
xiàtiān	夏天	5	語句5
xiān	先	6	本文
xiānsheng	先生	3	②トレ
xiànmù	羡慕	7	本文
xiànzài	现在	6	①トレ
Xiānggǎng	香港	8	①トレ
xiāngqì	香气	3	本文
xiǎng	想	5	③
xiǎng	响	18	本文

xiàng	向	18	本文
xiāoxi	消息	16	①
xiǎo	小	10	③
xiǎojiě	小姐	3	本文
xiǎoshí	小时	13	語句10
xiǎoshuō	小说	12	⑤
xiàoménkǒu	校门口	14	本文
xiě	写	8	①
xièxie	谢谢	1	本文
xìn	信	17	①
xíng	行	15	本文
xīngqī èr	星期二	5	語句5
xīngqī liù	星期六	5	語句5
xīngqī rì	星期日	5	語句5
xīngqī sān	星期三	5	語句5
xīngqī sì	星期四	5	語句5
xīngqī tiān	星期天	5	語句5
xīngqī wǔ	星期五	5	語句5
xīngqī yī	星期一	5	語句5
xìng	姓	1	④
xìngqù	兴趣	12	本文
xiōngdì	兄弟	7	①トレ
xióngmāo	熊猫	9	①
xiūxi	休息	11	③
xūyào	需要	13	④
xué	学	2	①トレ
xuéjiě	学姐	3	本文
xuésheng	学生	1	①
xuéxí	学习	2	④トレ
xuéxiào	学校	1	②

—————— Y ——————

ya	呀	10	本文
yánjiūshēng	研究生	2	本文
yǎnjìng	眼镜	13	②トレ
yào	要	14	①
yéye	爷爷	3	語句4
yě	也	2	②
yěxǔ	也许	10	本文
yī	一	2	語句2
yídìng	一定	8	本文
yíhuìr	一会儿	10	②トレ
yíxiàr	一下儿	11	③
yíyàng	一样	9	②
yìdiǎnr	一点儿	11	③

yìdiǎnr	一点儿	11	⑤
yìkǒuqì	一口气	7	④
yìqǐ	一起	5	本文
yìyánwéidìng	一言为定	9	本文
yìzhí	一直	13	本文
yīfu	衣服	3	語句3
yǐhòu	以后	10	②トレ
yǐjing	已经	13	本文
yǐjing	已经	4	④
yì	亿	11	語句8
yīnyuè	音乐	9	①トレ
Yīngbàng	英镑	11	語句9
Yīngyǔ	英语	2	①トレ
yínháng	银行	8	②
yìngjiàn	硬件	9	語句7
yòng	用	12	④
yōumò	幽默	9	語句7
yóu	游	12	②
yóukè	游客	5	②
yóujú	邮局	7	①
yóupiào	邮票	15	②
yóunì	油腻	15	③トレ
yǒu	有	7	①
yǒudiǎnr	有点儿	11	⑤
yǒuxiē	有些	15	本文
yǒu yìsi	有意思	12	⑤
yǒuyì	友谊	18	本文
yòubianr	右边儿	13	語句11
yòumian	右面	13	語句11
yǔsǎn	雨伞	3	語句3
yùdào	遇到	18	本文
yuán	元(通貨単位)	11	語句9
yuánjià	原价	11	本文
yuǎn	远	6	本文
yuàn	愿	18	本文
yuè	月	5	語句5

—————— Z ——————

zázhì	杂志	3	語句3
zài	再	6	本文
zài	在	8	①
zánmen	咱们	1	語句1
zànchéng	赞成	6	本文
zǎo	早	6	本文

著者略歴

村松恵子　名古屋大学文学研究科博士課程後期課程修了（文学博士）
　　　　　名城大学経営学部教授
　　　　　専門―現代中国語学、日中対照言語学

謝　平　　名古屋大学国際言語文化研究科博士課程後期課程修了（文学博士）
　　　　　福岡大学人文学部准教授
　　　　　専門―現代中国語学文法

音声DL　　　　　　　　　　　　　表紙デザイン：宇佐美佳子

中国語入門から初級の **基礎力養成講座　会話編**
トレーニングで力をつけよう

2023 年 3 月 30 日　初 版 発 行
2023 年 10 月 5 日　第 2 刷発行

著　者　村松恵子・謝　平
発行者　佐藤和幸
発行所　白 帝 社

　　　　〒171-0014　東京都豊島区池袋 2-65-1
　　　　電話　03-3986-3271
　　　　FAX　03-3986-3272（営）／ 03-3986-8892（編）
　　　　info@hakuteisha.co.jp
　　　　https://www.hakuteisha.co.jp

組版・印刷 倉敷印刷（株）　製本 （株）ティーケー出版印刷

Printed in Japan 〈検印省略〉6914　　　　　　ISBN978-4-86398-543-8
＊定価は表紙に表示してあります

中国全图

乌鲁木齐
◎ Wūlǔmùqí

新疆维吾尔自治区
Xīnjiāng Wéiwú'ěr Zìzhìqū

甘肃省
Gānsù Shěng

宁夏回族自治区
Níngxià Huízú Zìzhì

银川
Yínchuān

青海省
Qīnghǎi Shěng

西宁
Xīníng ◎

兰州
Lánzhōu ◎

西藏自治区
Xīzàng Zìzhìqū

四川省
Sìchuān Shěng

拉萨
◎ Lāsà

成都
◎ Chéngdū

贵州省
Guìzhōu Shěn

贵阳
Guìyár

云南省
Yúnnán Shěng

昆明
Kūnmíng

黑龙江省
Hēilóngjiāng Shěng

哈尔滨
Hā'ěrbīn

长春 吉林省
Chángchūn Jílín Shěng

内蒙古自治区
Nèi-Měnggǔ Zìzhìqū

沈阳
Shěnyáng

辽宁省
Liáoníng Shěng

呼和浩特
Hūhéhàotè

北京市
Běijīng Shì

河北省
Héběi Shěng

天津市
Tiānjīn Shì

太原
Tàiyuán

石家庄
Shíjiāzhuāng

济南
Jǐnán

山西省
Shānxī Shěng

山东省
Shāndōng Shěng

西安
Xī'ān

郑州
Zhèngzhōu

江苏省
Jiāngsū Shěng

西省 河南省 安徽省
ānxī Shěng Hénán Shěng Ānhuī Shěng

南京
Nánjīng

上海市
Shànghǎi Shì

合肥
Héféi

湖北省
Húběi Shěng

武汉
Wǔhàn

杭州
Hángzhōu

庆市 长沙
ōngqìng Shì Chángshā

浙江省
Zhèjiāng Shěng

南昌
Nánchāng

湖南省
Húnán Shěng

江西省
Jiāngxī Shěng

福建省
Fújiàn Shěng

福州
Fúzhōu

台北
Táiběi

西壮族自治区
Guǎngxī Zhuàngzú Zìzhìqū

广东省
Guǎngdōng Shěng

台湾
Táiwān

南宁
Nánníng

广州
Guǎngzhōu

香港
Xiānggǎng

澳门
Àomén

海口
Hǎikǒu

海南省
Hǎinán Shěng

中国語音節全表

声母＼韻母	(1) 介母φ														(2) 介母＝i			
	a	o	e	-i	er	ai	ei	ao	ou	an	en	ang	eng	ong	i	ia	iao	ie
φ	a	o	e		er	ai	ei	ao	ou	an	en	ang	eng		yi	ya	yao	ye
b	ba	bo				bai	bei	bao		ban	ben	bang	beng		bi		biao	bie
p	pa	po				pai	pei	pao	pou	pan	pen	pang	peng		pi		piao	pie
m	ma	mo	me			mai	mei	mao	mou	man	men	mang	meng		mi		miao	mie
f	fa	fo					fei		fou	fan	fen	fang	feng					
d	da		de			dai	dei	dao	dou	dan	den	dang	deng	dong	di		diao	die
t	ta		te			tai		tao	tou	tan		tang	teng	tong	ti		tiao	tie
n	na		ne			nai	nei	nao	nou	nan	nen	nang	neng	nong	ni		niao	nie
l	la		le			lai	lei	lao	lou	lan		lang	leng	long	li	lia	liao	lie
g	ga		ge			gai	gei	gao	gou	gan	gen	gang	geng	gong				
k	ka		ke			kai	kei	kao	kou	kan	ken	kang	keng	kong				
h	ha		he			hai	hei	hao	hou	han	hen	hang	heng	hong				
j															ji	jia	jiao	jie
q															qi	qia	qiao	qie
x															xi	xia	xiao	xie
zh	zha		zhe	zhi		zhai	zhei	zhao	zhou	zhan	zhen	zhang	zheng	zhong				
ch	cha		che	chi		chai		chao	chou	chan	chen	chang	cheng	chong				
sh	sha		she	shi		shai	shei	shao	shou	shan	shen	shang	sheng					
r			re	ri				rao	rou	ran	ren	rang	reng	rong				
z	za		ze	zi		zai	zei	zao	zou	zan	zen	zang	zeng	zong				
c	ca		ce	ci		cai		cao	cou	can	cen	cang	ceng	cong				
s	sa		se	si		sai		sao	sou	san	sen	sang	seng	song				

(2) 介母 = i						(3) 介母 = u									(4) 介母 = ü			
iou	ian	in	iang	ing	iong	u	ua	uo	uai	uei	uan	uen	uang	ueng	ü	üe	üan	ün
you	yan	yin	yang	ying	yong	wu	wa	wo	wai	wei	wan	wen	wang	weng	yu	yue	yuan	yun
	bian	bin		bing		bu												
	pian	pin		ping		pu												
miu	mian	min		ming		mu												
						fu												
diu	dian			ding		du		duo		dui	duan	dun						
	tian			ting		tu		tuo		tui	tuan	tun						
niu	nian	nin	niang	ning		nu		nuo			nuan				nü	nüe		
liu	lian	lin	liang	ling		lu		luo			luan	lun			lü	lüe		
						gu	gua	guo	guai	gui	guan	gun	guang					
						ku	kua	kuo	kuai	kui	kuan	kun	kuang					
						hu	hua	huo	huai	hui	huan	hun	huang					
jiu	jian	jin	jiang	jing	jiong										ju	jue	juan	jun
qiu	qian	qin	qiang	qing	qiong										qu	que	quan	qun
xiu	xian	xin	xiang	xing	xiong										xu	xue	xuan	xun
						zhu	zhua	zhuo	zhuai	zhui	zhuan	zhun	zhuang					
						chu		chuo	chuai	chui	chuan	chun	chuang					
						shu	shua	shuo	shuai	shui	shuan	shun	shuang					
						ru	rua	ruo		rui	ruan	run						
						zu		zuo		zui	zuan	zun						
						cu		cuo		cui	cuan	cun						
						su		suo		sui	suan	sun						